广东省哲学社会科学"十三五"规划2018年度学科共建项目（GD18XTY17）

粤北民俗体育
"龙"文化的传承与发展

艾安丽　著

重庆大学出版社

图书在版编目（CIP）数据

粤北民俗体育"龙"文化的传承与发展／艾安丽著
. -- 重庆：重庆大学出版社，2023.6
ISBN 978-7-5689-3903-4

Ⅰ.①粤… Ⅱ.①艾… Ⅲ.①民族形式体育—体育文
化—研究—广东 Ⅳ.①G852.9

中国国家版本馆 CIP 数据核字（2023）第 094105 号

粤北民俗体育"龙"文化的传承与发展

YUEBEI MINSU TIYU "LONG" WENHUA DE CHUANCHENG YU FAZHAN

艾安丽 著
策划编辑：唐启秀
责任编辑：李桂英 版式设计：唐启秀
责任校对：邹 忌 责任印制：张 策

*

重庆大学出版社出版发行
出版人：饶帮华
社址：重庆市沙坪坝区大学城西路 21 号
邮编：401331
电话：（023）88617190 88617185（中小学）
传真：（023）88617186 88617166
网址：http://www.cqup.com.cn
邮箱：fxk@ cqup.com.cn（营销中心）
全国新华书店经销
POD：重庆市圣立印刷有限公司印刷

*

开本：720mm×1020mm 1/16 印张：14.75 字数：205 千
2023 年 6 月第 1 版 2023 年 6 月第 1 次印刷
ISBN 978-7-5689-3903-4 定价：68.00 元

前　言

我国历来高度重视传承优秀传统文化,党的十九大报告提出要让优秀的传统文化焕发出生机,党的二十大报告提出传承中华优秀传统文化、推进文化自信、满足人民日益增长的精神文化需求。与联合国教科文组织提出的"保护非物质文化遗产公约"同向同行,《国家乡村振兴战略规划(2018—2022年)》将传承传统文化与乡村振兴紧密结合,认为乡村振兴是实现人民美好生活向往的需求,传承优秀文化深挖其文化内涵与人文精神,成为决胜全面建成小康社会的关键,粤北地区属于国家层面高度关注的"老、少、边、穷"地区,是中原与岭南相连接的关口,具有重要的历史地位和人文价值。

本书采用质性研究方法论,主要采用访谈法、口述史、参与观察、文献资料等研究方法,对粤北民俗体育龙文化进行了调查研究,选取发展态势较好的犁市镇"扒龙舟"、依然曲折前行的"百顺香火龙"和几乎濒临灭绝的叟里元村的"九十九节龙"和新田"板凳龙"等四个典型案例进行剖析。研究的目的:了解粤北民俗体育龙文化产生的缘由、发展历程、存在的问题、特征与功能以及发展路径与策略。研究结果:第一章交代了研究的缘起、对前人研究的总结与归纳、研究的方法、理论基础以及田野调查相关情况。第二章通过走访调查以及查询文献资料,探明了粤北民俗体育龙文化起源于龙神信仰和龙神崇拜、宗教祭祀、生产劳动、娱乐活动以及教育。第三章、第四章、第五章是粤北民俗体育龙文化不同案例的发展历程,总体上能够划分为三个阶段,起步阶段(1957 年以前),断裂阶段(1958—1985 年),恢复阶段(1986 年以后),之所以将其划分为三章,是因为不同态势的民俗体育龙文化活动并不是完全遵循总体发展历程,各自都有自己的特色,于是将其拆开并以文化结构的三层次对其阐述。第六章分析了粤北民俗体育的特征与功能,以崇拜神灵与祖先、时间与空间依赖性、宗族血缘链接性、多样性与集群性、娱乐性与竞技性、文化共通性与创新性、美感为特征;具有文化功能、健身功能、经济功能、教育功能、娱乐功能。第七章分析了粤北民俗体育龙文化的发展困境,提出"保持原有的住房格局还是重新规划""谁是民俗体育龙文化的权威""龙文化到底是群体传承还是个体传承""如何发展民俗体育龙文化的主体""如何解决好民俗体育活动中的经济纠纷""如何解决文化认同与文化自信"等问题。第八章对影响粤北民俗体育龙文化的因素及动力机制进行了探讨,其中经济条件是民俗体育龙文化发展的基础,地理环境是民俗体育龙文化发展的先决条件,人是民俗体育龙文化活动发展的主体,民间组织是民俗体育龙文化的组织保障,现代体育对民俗体育文化造成不可避免的冲击,情感认同是促进龙文化发展的核心。第九章对民俗体育龙文化提出了四条发展路径:与竞技体育相结合,使民俗体育龙文化走向标准化、国际化;与学校体育相结合,开发龙舟课程资源与教材体系,开设龙舟特色课程,打造学校民俗体育龙文化的赛事体系;与大众健身休闲相结合,丰富民众业余生活,强身健体,提高人民生活幸福感;走体育产业化道路,通过民俗体育培训、展演、制作相关扎龙产品和纪念品带动体育旅游等其他相关产业的发展。此外,本书还提出了规范制度,保护传承主体,落实好美丽乡村建设,唤起民众记忆,拓展民俗体育龙文化传承渠道,顺应时代发展,与信息技术相结合等传承策略。

目 录

第一章
研究缘起及综述

一、研究的由来

（一）国家层面对中华民族传统优秀文化的高度重视

我国自改革开放以来，国门向世界打开，加快促进国内外文化、教育、经济等各方面的交流，打破了中国几千年封建社会的稳定结构。农耕社会孕育了中华民族传统文化的精神：热爱团结、爱好和平、勤劳勇敢、自强不息。传统文化脱胎于农业文明，当农业经济向工业经济迈进，计划经济向市场经济转轨，世界各国文化相互激荡，中华民族传统文化受到前所未有的冲击。中国历史上惨痛的教训警醒我们：文化是一个国家的血脉，世界各国之间的资源争夺不仅仅是军事和经济，文化才能彰显一个国家的综合实力。

2003 年，联合国教科文组织出台《保护非物质文化遗产公约》，中国具有悠久的历史文化，文化遗产非常丰富。随着经济全球化的发展，经济社会急剧的变革，我国的非物质文化遗产遭遇严峻的挑战和考验。我国迅速加入了《保护非物质文化遗产公约》。2005 年，《国务院办公厅关于加强我国非物质文化遗产保护工作的意见》指出，物质文化遗产是各族人民世代相传、与群众生活密切相关的各种传统文本、表现形式和文化空间。2006 年，国务院公布第一批国家级非物质文化遗产名录指出，物质文化遗产是我国历史的见证，是中华民族传统文化的重要载体，蕴含着中华民族独特的精神价值、思维方式、想象力以及文化自觉意识，它体现着中华民族生生不息的生命力和创造力,继承、发扬中华民族优秀文化,能够促进民族的团结。

2017年,中共中央办公厅、国务院办公厅印发《关于实施优秀传统文化传承发展工程的意见》;2021年,《中华优秀传统文化传承发展工程"十四五"重点项目规划》出台;2022年,"党的二十大"提出"中华优秀传统文化需要创新性发展",人民网对党的十八大以来的中华优秀传统文化传承与发展进行述评,认为"只有连接中华传统和现代文化,坚持从历史走向未来,在延续民族文化血脉中开拓前进,我们才能发展好今天的事业"。习近平总书记指出,中华民族的优秀文化传统不仅是我们的"根"与"魂",同时也是世界文明发展不可或缺的力量之源。党的二十大报告指出,"全面建设社会主义现代化国家,必须坚持中国特色社会主义文化发展道路,增强文化自信,围绕举旗帜、聚民心、育新人、兴文化、展形象建设社会主义文化强国""以社会主义核心价值观为引领,发展社会主义先进文化,弘扬革命文化,传承中华优秀传统文化,满足人民日益增长的精神文化需求"。

因此,民俗体育文化是乡土文化的基石,舞龙和龙舟文化是中华民族传统文化的典范,粤北地区民俗体育文化能够折射出这一地域的文化生态。

2018年,《国家乡村振兴战略规划(2018—2022年)》出台,明确提出:乡村振兴战略是顺应亿万农民对美好生活的向往,是决胜全面建成小康社会的关键,是踏上社会主义新征程的台阶,是传承中华优秀传统文化的有效途径。实现中华民族伟大复兴的制胜法宝,乡村振兴战略就是要深挖乡村优秀思想观念与作风,人文精神与道德规范。

(二)粤北地区的地理特点

地域研究历来受到学者们的高度重视,地域研究原本出现在经济学领域,施坚雅运用地理学中心创建说对区域进行分析,开创了区域研究的先河,延伸到社会文化区域研究①。如东西方文化,中国境内划分为荆楚文化、齐鲁文化、巴蜀文化等。柯文曾在《在中国发现历史》中提出:区域研究应成为中国取向的研究特征,因为"中国的区域性以及地方性变异有差异,如果针对整体有相对清晰的了解,必须对变异的内容与形式进行标记"②。粤北是广东省北部的简称,粤北行政区曾设立于 1952 年,行署驻韶关市,行政版图几经更易,自古以来就是华夏之地。《史记》记载舜帝曾在"苍梧之野"鼓琴作歌,将乐名取名为"韶",经考证属于韶关韶石山。南朝时梁天嘉年间将其设为东西衡州,东衡州相当于现今的韶关,西衡州相当于现今的清远。

　　粤北地区包括韶关在内的五个地级市,它处于粤、赣、湘、桂交汇之处,既位于中国南部发达省份,又处于发达省份的边远贫困地区、少数民族聚集地区和红色革命老区,依南岭、接湘赣、通珠江,它曾是南岭走廊交通要道,古代中原文明传向岭南的通道,移民南迁的必经关口,也是南粤海洋经济通往中原的重要驿站,曾在中华文明发展史上发挥过重要作用。它现在是经济发达地区与欠发达地区的纽带,也是"一带一路"的交通要道,不同历史时期南迁到这里客居或定居的人,将原住地的民俗体育龙文化带到这里,与本地域的体育文化融合互动,形成了丰富多彩的"龙舞"文化以及龙舟文化。"龙"体育文化的形成、传承、传播极具地理优势。粤北地区"体彩杯"龙舟赛事,已经逐步制度化,而延续多年的传统龙体育文化却传承式微。龙体育文化究竟应该如何传承? 由谁传承? 传承什么? 粤北地区龙体育文化的传承与发展具有典型意义。粤北地区多为山地和丘陵,属于亚热带气候,冬天气温明显低于省内其他地区,偶尔会有霜冻,但是极少出现下雪的情况,土地面积约 7.7 万平方公里,接近广东省的一半,常住人口数量约为 1610万人。

---

① 赵世瑜.小历史与大历史:区域社会史的理念、方法与实践[M].北京:生活·读书·新知三联书店,2006.

② 柯文.在中国发现历史:中国中心观在美国的兴起[M].林同奇,译.北京:中华书局,1989.

（三）对龙文化研究兴趣的使然

小时候每年春节，笔者眼巴巴盼着舞龙队伍来表演，因为舞龙的场面特别热闹，敲锣打鼓、舞龙的人做出各种各样的动作，时而翻滚时而跑动，非常有趣。笔者经常跟着舞龙队伍从村头看到村尾，人们簇拥着舞龙队伍行进，不仅观看他们表演，还观看人们赠送烟、副食等物品，特别有趣。长大后，笔者在汉江流域的高校工作，因关注"汉水文化"进而关注汉水流域的"龙"体育文化。笔者常常利用端午节假期去湖北襄阳的汉江边看龙舟竞赛；周末及节假日也去潜江看人们舞草把龙；春节假期间去武汉的汉阳社区看人们舞高龙欢度春节；在武汉的城市广场上，看人们一边溜冰一边舞龙，觉得各式的龙都很有意思。

"龙"体育文化是中国传统文化的重要符号，从祈祷神灵保佑的宗教祭祀发展到节庆习俗、民间娱乐，无不体现着先辈们的集体智慧。听老人们讲"龙"的传说由来已久，最早是人们为求生存而身手相接的"求雨"祭祀活动，人们在世代生活中创造发明、传播扩散，后来"龙"作为中华民族统一的象征，是中国传统节日文化的重要符号，是中华民族几千年农耕社会衍生的信仰，并呈现出集体性、模式化、生活化等特征。"龙"体育文化集民族的信仰、团结、凝聚力为一体，有健身功能、娱乐功能、教育功能和社会功能，是中国传统体育文化的典型代表。然而面对现代西方体育，已被挤到现代化快车道的边缘、产生于农耕社会的"龙"体育文化究竟是与现代文化"合流"还是应该树立"文化自信"？中华民族血雨腥风、浴血奋战，从站起来、富起来到强起来，如何既保持"原生态"又走向国际舞台？2035 年远景目标和"十四五"时期经济社会发展主要目标为"建成文化强国、教育强国、体育强国、健康中国、国民素质和社会文明程度达到新高度，国家软实力显著增强"。农民是全民健身的重要组成部分，也是民俗体育活动的创造者、享用者，农耕社会向工业化乃至信息化社会过渡的过程中，与西方社会不断接轨交流互动、澎湃激荡,缘起于西方民俗的现代奥林匹克运动向世界各地传播,以标准化、规范化、可测量的标准修剪着世界各国的文化,将中国传统体育文化推挤到行车道的边缘。此外,人们的思想观念随着生产技术、生活方式日新月异,民俗体育生存空间受到挤压,民俗体育龙文化作为中华民族传统体育,受到人们的广泛重视,既是中华民族传统体育的重要组成部分,也是民俗体育的重要组成部分,已被国家体育总局列为正式体育比赛项目,深受海内外人士热爱。

由于工作调整,笔者调到粤北地区工作,发现这里的语言、居住格局、家族观念、人际关系与中原差异非常大。这里传统文化中的龙文化似乎别有特色,探明这里的龙文化居然与中原龙文化一脉相承,共通性之外却具有显著差异,这激发了笔者对粤北地区民俗体育龙文化的研究兴趣。我国从体育大国迈向体育强国的征程,这个位于南方发达省份却又处于全省边远贫穷、多民族汇聚的粤北民族地区的民俗体育龙文化,该如何传承与发展? 笔者通过深入粤北地区调研走访,撰写项目申报书,成功立项广东省哲学社会科学"十三五"规划 2018 年度学科共建项目《粤北民俗体育"龙"文化的传承与发展》,期望通过课题研究,追溯粤北地区民俗体育龙文化的发展历程,分析粤北民俗体育龙文化的特征、价值与传承困境,探寻粤北民俗体育龙文化的发展路径与发展对策。

二、具体研究方法

本研究是关于粤北民俗体育"龙"文化的传承与发展。关于民俗体育龙文化的记载较少,加之"破四旧"的摧毁,留存的文字资料并不多,所以口述史以及文献研究是本研究采用的重要方法。由于民俗体育龙文化的现代转型,所以需借鉴人类学的口述史和参与式观察法,并对其进行历史复原和剖面分析。

（一）口述史

口述史俗称口碑史，被认为是历史学分支学科和民俗学研究主体领域的口述传统，都是以口头叙述的方式呈现，前者由于个人生命周期的限制，采取对个人亲历的生活事件及感受进行叙述，如古希腊的《荷马史诗》、中国藏族的《格萨尔王传》，当然中国也有采用口碑史料的学者，认为口碑史能够带来"真相"。

后者是世代相承的口述证词，主要是神话、传说、故事、民谣、谚语等文艺样式。口述史的突出贡献在于收集口述凭证，弥补文字资料的不足[1]。社会学界认为，口述史是了解当年、挖掘真相的可行办法[2]。王铭铭提出"人类学就是口述史，不承认这个就显得不大体面"[3]。本研究是关于地域的龙文化研究，同时也是村落与村落之间社区生活的研究，对于民俗体育龙文化来说，属于"下里巴人"的文化活动，很少会有专门的文字记录。为了保存粤北地区未被书写的龙文化历程，本研究访谈了粤北地区典型代表的县市龙文化的管理者、传承人、参与者、社区干部，通过搜索、查询文献资料去发现线索，主要是对历史起决定性作用和影响的人物或事件的记载，很少有关于乡村民众、民俗的文字记载，这给历史研究造成了局限，口述史正好可以作为相关文献资料的补充，也能够通过口述史对传统历史进行深刻反思。

（二）参与观察

参与观察是观察者为了达到深入了解某种文化、现象的目的，直接加入某一社会群体之中，以内部成员的角色参与他们的各种活动，在共同生活中

---

① 孙庆忠.口述历史的制作与口述传统的发掘[J].广西民族学院学报（哲学社会科学版），2003（3）：12-14.

② 王铭铭.人类学讲义稿[M].北京：民主与建设出版社，2019.

③ 王铭铭.口述史·口承传统·人生史[J].西南民族大学学报（人文社科版），2008（2）：23-30.

观察、收集和分析有关的资料①。参与观察法是英国人类学家马林诺夫斯基对新几内亚群岛实地调查立下的田野工作标准，曾一度被认为是人类学的独特研究方法。与其说是一种方法，不如说是一门艺术，研究者深入研究对象的生活环境之中，对其日常生活进行观察，是一个非结构的观察，它必然会面临伦理与政治议题②。它是深入理解经验设计的最好方法之一，如美国芝加哥学派社会学家怀特所著《街角社会》、中国社会学与人类学奠基人费孝通先生所著《江村经济》都是参与观察深入理解社会的经典著作。参与观察可分为完全观察者和完全参与者两种形式，前者最理想的状况是在被研究者根本没有意识到他们是被研究者的情况下进行的，后者是完全参与其中似乎忘记了自己的真实身份，理想化的参与是两种状态的综合③。笔者在粤北地区南雄市和浈江区的龙文化调查中，基本上采用流动的立场，根据实际情况判断对事件的参与程度，否则很难获取真实信息，在调研"龙舞"文化村落过程中，村委会负责人、参与者会将"龙舞"传承的想法和困境告诉笔者，也有被访者为自己的孩子考教师资格证、高考填报志愿、就读专业等问题向笔者咨询，还有村委会负责人经常打电话咨询"龙舞"的发展规划。他们甚至会半夜打电话聊"龙舞"的发展，比如让笔者出谋划策，"香火龙"摆放在博物馆的位置，对传承民俗文化乡村振兴带来的实际效益问题，俨然把笔者当作"自己人"。有时候他们开展"龙舞""扒龙舟"活动，笔者参与观察、倾听，俨然又是"局外人"，笔者与当地民众熟悉之前，他们怀着戒备心理，小心翼翼，与他们熟识之后，他们就会打开话匣子，陈年旧事以及未来规划都愿意分享。

　　注重伦理。从研究伦理角度考虑，避免给访谈者带来麻烦，访谈者的姓名尽可能使用化名代替，公众人士也一样。但为了研究的真实性和体现村

① 陈慧慧，方小教.社会调查方法[M].合肥:中国科学技术大学出版社,2019.
② 范明林,吴军,马丹丹.质性研究方法[M].2 版.上海:上海人民出版社,2018.
③ 司洪昌.嵌入村庄的学校:仁村教育的历史人类学探究[D].上海:华东师范大学,2006.

落的居住特点,难免出现真实地名甚至人名。

(三)文献法

文献法也称为"文献综述法"或"文献研究法",有学者提出文献资料由于缺乏实证不能称为研究方法,而应该称为"研究整合法"①。文献资料主要源自田野中收集的文献资料和数据平台收集的文献资料,前者包括民众收集的史料,如家谱、遗迹、书信等遗存物,还包括笔者及团队成员采用文字、符号、图形、视频或者现代信息技术等手段记录下来的相关信息资料,称为文献调查法,是在课题研究过程中对相关文献进行收集、比较、整理、归类、综合,并且从中提炼出新的事实与资料的方法②,后者是指检索搜集相关文献的方法。

文献资料是民俗体育研究不可或缺的方法,通过收集史志、碑文、家族史等历史文献资料,并且在调研中依赖于长期生活在这里的长者回忆,讲述这个村庄及龙文化变迁的过程,还原历史真实面目。口述史提供历史还原给普通人的机会,用普通人视角去检验文献资料的观点,在扒龙舟、舞香火龙、舞板凳龙、舞九十九节龙的调查中,笔者访谈了 3~5 位长期生活在这个区域的 70 岁以上老者、组织者、项目传承人以及参与者,访谈主要采用非结构式、半结构式、结构式的访谈方法。在个案研究中访问民众关于民俗体育文化过去的社会形势、民俗体育项目的组织发展情况、现在与过去对比产生的变化、产生变化的原因。访谈中,笔者除用携带的照相机、录音笔、笔和纸进行翔实记录外,还想方设法与访谈对象建立紧密联系,深入观察、及时了解,在龙文化活动开展期间向当地人请教。此外,笔者通过中国知网、"读秀"和"电子资源库"以及韶关市档案馆、南雄市档案馆、浈江区犁市镇文化馆查询相关资料,为本研究奠定了理论基础。

---

① 姚计海.记"文献法"是研究方法吗:兼谈研究整合法[J].国家教育行政学院学报,2017(7):89-94.
② 李宗浩.体育科研方法教程[M].天津:天津科学技术出版社,2001.

三、田野调查的实施

田野调查法,又称为实地考察法,指研究者深入研究对象所在社区,通过深入观察、调查了解的方式获取相关研究资料进行研究的方法①。现代西方人类学中运用田野调查法最早的是美国人类学家摩尔根,成型于英国人类学家马林诺夫斯基的《西太平洋的航海者》。也有学者认为田野调查法是人类学者走向基层群众,文化学者深入民族群体,研究人员与所调查对象实地生活一段时间,亲自访谈、交流和观察,记录亲眼所见、亲耳所闻、亲身感受,进行归纳分析的研究方法②。

(一)田野调查个案的选择

本研究选择粤北地区民俗体育龙文化非常具有特色的南雄市百顺镇白竹片村、叟里元村、新田村以及浈江区犁市镇扒龙舟盛行的下园村、沙尾村、黄塘村等村落进行调研,同时通过韶关市体育局、非物质文化遗产中心以及各县市非物质文化遗产中心了解情况。本研究选择调查地点主要基于以下考虑:

第一,注重龙文化形态的典型性。选择同质不同发展态势的多种"龙文化",粤北地区南雄市百顺镇"舞香火龙"具有300多年历史,已经成为国家级非物质文化遗产,驰名省内外;叟里元村"舞九十九节龙"具有悠久的历史,存在古迹遗址但很难查证,新中国成立后濒临灭绝;号称"中原南迁第一村"的新田村舞"板凳龙"已成为南雄市非遗项目,但已多年不流行,浈江区犁市镇的"扒龙舟"已成功转型,各种民俗体育龙文化都源自"龙"崇拜和信仰创编、创新出来,具有现代转型、活态传承、濒临灭绝或者已灭绝的不同状

---

① 陈华文.文化学概论新编[M].3版.北京:首都经济贸易大学出版社,2016.
② 李春来.海外温州研究评析[M].厦门:厦门大学出版社,2017.

态。本研究主要聚焦南雄市和浈江区,牢记莫里斯·弗里德曼教授"不要以局部概论全部,或者是满足于历史的切片,不求来龙去脉"的告诫①,选择龙文化典型个案,充分考虑民俗体育龙文化的不同形态。

第二,粤北"龙舞"差异性。犁市镇龙舟发展具有完整性。从历史性来看,犁市镇"扒龙舟"既有延续性又有创新性,一直保存村落之间的"走亲";从共时性来看,整个民俗体育龙文化既保留传统龙文化的仪式特征,又具有现代转型,甚至有些村落的龙舟参与全省甚至国际赛事。"龙舞"历史都很悠久,既保持着村落里传统节日的喜庆,又承接外面的商业展演,龙体育的典型个案,如"香火龙""板凳龙""九十九节龙""划龙船",通过考察不同形态龙体育的起源、发展历程、特点和规律,发现不同的"龙舞"在组织文化、制度文化与精神文化层面具有很大差异性,某种程度上具有一定的普遍性。讲好龙体育故事,分析不同龙体育发展困境,探索传承路径和发展对策,为民俗体育发展提供可借鉴的经验。

第三,发展态势的差异性,如犁市镇龙舟发展得红红火火,走向韶关市龙舟赛乃至国际邀请赛,香火龙处于"曲折发展"阶段,板凳龙处于"消迹"阶段。探索同一县域各种龙文化的差异与发展态势,便于挖掘深层次的原因。本研究以县域为主要调研单位,费孝通先生的《江村经济》,涂传飞的《农村民俗体育文化的变迁》等著作均以村落为单位进行研究,王铭铭对人类学研究的成果进行分析后指出:"学界共同认为村庄的研究离不开超越村庄或者计划超越村庄的各种社会设计。"②超越村庄研究的局限一直是文化人类学者研究的旨向,不同农村田野研究单位随着历史演变不断发展,所呈现出的中国农村社会图景各有不同。狄金华在《中国农村田野研究单位的选择———兼论中国农村研究的分析范式》中指出,"从目前学界对农村社

---

① 莫里斯·梅洛-庞蒂.知觉现象学[M].姜志辉,译.北京:商务印书馆,2001.

② 王铭铭.走在乡土上:历史人类学札记[M].北京:中国人民大学出版社,2003.

会研究的单位来看,已经形成了村庄、基层市场共同体、乡镇和县四个基本研究单位"①。四种田野调查研究单位逐步递进深化,行政框架下最基层的"国家",又是与微观社会组织联系最紧密的单位,在某种程度上被视为完整的空间体系、经济体系、社会体系以及文化体系,龙文化组织的管理无法脱离县级行政机构的管理②。

最后,由于研究工作的便利,粤北地区韶关市涵括了七县三区,笔者主要选择文化部门登记在册的龙文化非物质文化遗产进行研究。在关系上,南雄市有熟人能够提供帮助,用费孝通先生的话来说,"乡土中国就是个熟人社会"。在进入调研地点之前,笔者通过市物质文化非遗中心提供的联系方式,逐一跟龙文化负责人电话联系,随后添加对方为微信好友,在微信上向对方问好,自我介绍笔者是谁,来自哪里,工作单位和正准备从事的工作,通过聊家常成为"熟人"方便进行调查。粤北民俗文化受到中原文化、移民文化和客家文化、禅宗文化、红色文化的深远影响,引起本土学者关注的热情,已经形成了一批有见地的研究成果,为本研究奠定了前期基础。

(二)进入田野

前人在进入田野时积累了大量可借鉴的经验,马林诺夫斯基在对新几内亚岛南岸的民族进行调研时曾经给出有效的诀窍:"作为民族志学者,只有通过耐心且系统的常识性规则,才能获得预期成果,不可能有什么奇妙的捷径。"③笔者曾对汉水流域民俗体育文化"三龙"文化做过田野调查,在调查过程中有幸结识了湖北文化部门工作的一位 85 岁的民俗学爱好者,他勉励笔者进行民俗研究需要持之以恒、厚积薄发,并赠送给笔者一张"蜗牛

① 狄金华.中国农村田野研究单位的选择:兼论中国农村研究的分析范式[J].中国农村观察,2009(6):80-91,97.

② 樊红敏.县域政治运作形态学分析:河南省 H 市日常权力实践观察[J].东南学术,2008(1):69-77.

③ 马林诺夫斯基.西太平洋上的航海者:美拉尼西亚新几内亚群岛土著人之事业及冒险活动的报告[M].弓秀英,译.北京:商务印刷馆,2016.

照",在照片背后亲笔签写着一行字:"你看我,正如这蜗牛虽任重道远依然前行。"他毕生热衷于田野调查,积累了大量宝贵经验,他把这些经验事无巨细地传授给笔者。比如初次进入调研所在地,给农民留下良好的第一印象至关重要,第一印象的关键在于着装,不要打扮得怪模怪样,那样农民就会与你产生距离,远离你,不可能与你亲近,更不可能将你当作真朋友,对你吐真言。要想得到真实情况,必须学会与农民拉近距离。学会与农民打成一片,农民走进牛屎堆里甚至睡在牛屎堆里,你都不要嫌弃。那样农民才会把你当朋友,才可能对你说真心话。要善于捕捉农民无心流露出来的信息①。老先生的话始终萦绕在脑海,铭记在心里。深入民众调查了解过程中对农民活动过程中产生的话语需要深入分析,研究话语有两种途径:一是把它当成对社会事实的描述,这是一种描述中国人际关系行为和互动往来的媒介;另一种是把这种话语当成一种表征,还当成存在于自身之中并属于自身的社会事实,话语本身不仅提供历史、形成条件等,而且反映其参照性和关系实践,反映产生出话语并赋予其重要意义的更大的社会力量②。调查报告应围绕关系学的素材进行整理,关系应该被设想为与官方权力打交道或者走捷径的应对策略,"关系"从来都不是"纯粹"的,而是信任、感情、义务和算计等"要素"的混合③。因此,进入田野并非说进入就能够直接进入,而是需要与当地人建立起某种联系即"关系"。

首先,通过交流,建立情感。学习前人的先进经验,通过熟人进入调查研究,如费孝通对姊姊所在的"江村"进行调查撰写的《江村经济》、涂传飞对"涂村"进行调查撰写的《农村民俗体育文化的变迁》的先进经验。笔者到韶关市文化馆非物质文化遗产中心、体育局进行调查,联系相关负责人,

---

① 艾安丽.汉水流域湖北段民俗体育文化的变迁:以"三龙文化"为例[D].福州:福建师范大学,2015.
② 杨美惠.礼物、关系学与国家:中国人际关系与主体性建构[M].南京:江苏人民出版社,2009.
③ 姚泽麟.社会转型中的关系学:评杨美惠的《礼物、关系学与国家》[J].社会学研究,2011,26(3):218-228.

通过市局介绍和熟人引荐去南雄、始兴、乐昌、浈江等市、县、区文化馆或文化中心调研,了解发展路径与发展方向不同的龙文化。在对南雄市新田村的板凳龙进行调研之前,笔者通过韶关市非物质文化遗产中心负责人了解韶关市的龙文化情况。有一次,笔者独自在新田村参观过程中,巧遇一位老乡"兰姐"在村委会任妇联主任。兰姐盛情邀请笔者参加来年新田村的姓氏节(李姓姓氏节:2019 年 9 月 13 日)。等到第二年姓氏节时,笔者应邀前往,提前一天入住新田村,兰姐打过招呼的酒店非常热情地接待笔者,热心详细地给笔者介绍村里的情况。在姓氏节当天,市里文化部门、公安部门以及村里乡贤都回来庆祝姓氏节,村委会提前准备了八十几桌饭菜用于接待,兰姐忙前忙后,也没忘记安排笔者与媒体记者和乡贤们一桌,寒暄唠嗑,让我们在交流中建立情感。兰姐下午挽留我们一行人去附近的水库观光划船,特邀到她家吃晚餐,据说姓氏节时谁家来的亲戚多就表明这家人气旺、人缘好。为了迎接客人到家里做客,兰姐前一夜整夜未眠,忙着准备晚上的晚餐。盛情难却,同时有个与韶关市公开评选的"好人"(专注于地方文化历史研究)SRJ 老师一起共进晚餐了解情况的机会。SRJ 老师是一名中学教师,他热爱历史文化,特别是对南雄本地的历史文化进行过深入研究,很多"古村落"的申报都由他执笔,打造了多个"历史文化名村",是南雄市各古村落的尊贵客人。SRJ 老师搭桥为笔者进行田野调查提供了极大方便。与此同时,与同桌吃饭的干部、群众结识了,增进了彼此的感情,扩展了深入调研的人脉。

其次,礼物馈赠,建立关系。马塞尔·莫斯曾认为交换与契约总是以礼物的形式达成,他从古代的社会交换形式与理由进行了探索①。礼物交换存在于所有社会,中国人历来对礼物往来的重要性极其重视,因此礼物馈赠和

---

① 马塞尔·莫斯.礼物:古式社会中交换的形式与理由[M].汲喆,译.北京:商务印书馆,2016.

其他互惠交换在社会生活中扮演着重要角色①。笔者与龙舟传承人通过电话联系之后,约定了初次见面的时间和地点。见面时,笔者带上了两瓶好酒和一盒茶叶,龙舟传承人 MDL 先生非常热情地引笔者进入扒龙舟现场。去拜访扒龙舟的前辈时,笔者会带上牛奶等礼物,拉近彼此之间的关系,正如马塞尔·莫斯所说,让接受者感受到"回馈的义务",那接受者就会主动对笔者讲述很多相关的事情。

再次,利用传统节日等时间节点进入,更容易获取信息。民俗体育活动的开展依附于传统节日,或是祭祀、人生庆典等盛大场合,粤北地区除了延续中国传统节日外,还有各村落、各宗族自己节日的习俗,比如南雄市各姓氏盛行的姓氏节,仁化县古夏村的"禾斋节"以及春节、清明、端午等节日都比较隆重,"龙文化"(舞龙及龙舟)由于受到"破四旧"的影响,很多古籍文献、家谱资料被摧毁,没有文字记录可查。在这种情况下,老年人的口述史就显得尤为重要,但是口述史中记忆是核心要素,想访谈老年人且完整记忆本身不是一件简单的事情,加之很多客家人习惯了自己的方言,不擅长普通话,为调查访谈的语言沟通带来了一定的困难。此外,他们知道"祸从口出",很多时候笑而不答,似乎是心照不宣。但是在传统节假日,大家相聚在一起,心情放松,一起喝茶、聊天,留下联系方式,聊起村里在外工作的人,慢慢产生共同的链接和打开话匣子,大家你一言我一语让交往变得轻松愉快。之后再找机会与老人单独谈话聊天便不再陌生,俨然已经成为他们的"熟人"。2022 年春节,笔者第三次到白竹片村,几乎没有任何人在村庄里走动,与想象中的村庄里的人互相串门的景象大相径庭。笔者想探探这个村落里是否有人在过年,便一间一间房子挨个探寻,结果到了一间矮屋,有人问:"你找谁?"笔者立马回答:"我只是看看,了解下这个村庄过春节的情况。"

---

① 阎云翔.礼物的流动:一个中国村庄中的互惠原则与社会网络[M].李放春,刘瑜,译.上海:上海人民出版社,2017.

他立马补了一句："你是从哪里来的?"笔者笑着回答:"从韶关来。"对方居然直接叫道:"您是艾老师吧?"这让笔者愕然,笔者曾经到过这个村庄,当时也没有几个人,怎么现在还有人能够认出笔者呢? 然后很快就约了村里的人一起吃饭,春节期间正好互相走动,笔者借机了解龙文化活动,还有这个村庄的来历、村民的生活状况和一些村民之间的故事。

最后,参与各种龙活动,零距离与受访者接触。如果只是拍拍照片,录录视频,只能算是了解赛事的表面,如果采访几个人了解龙文化的来龙去脉,顶多只能了解龙文化本身,要是参与到龙文化活动的全过程,才可能更深入地梳理各方关系,了解他们的思想动态和问题的根源。村民们得知笔者到他们村的目的是深入了解龙文化的意图之后,村委决定重启舞香火龙活动,延续传统。2022 年事前知道村委决定在正月初六举办香火龙的消息,笔者准时赶往当地,参与村民扎龙、吃饭、烤香、烤火等各种活动,听他们讲各种关于香火龙的奇闻趣事,以及犁市镇扒龙舟等活动。

第二章

粤北民俗体育龙文化的起源

　　粤北民俗体育龙文化与各宗族南迁、客居有关,有上千年的历史。钟敬文先生在做民俗学研究时曾提出"民俗学是人类社会发展到一定阶段的产物"。粤北各姓氏、宗族来源通过家谱、古迹和传说有迹可循,英国历史学家爱德华·霍列特·卡尔在《历史是什么?》一书中认为让哪些事实说话,按照什么第次讲什么内容是历史学家决定的①。笔者根据实际调查结果将粤北民俗体育龙文化的缘起总结为:(1)起源于龙神信仰和龙神崇拜;(2)起源于宗教祭祀;(3)起源于生产劳动;(4)起源于娱乐活动;(5)起源于教育。

第一节　起源于龙神信仰和龙神崇拜

　　民俗体育龙文化神话传说脱胎于民俗这个母体,既是人们对龙的信仰,又是人们对社会生活的一种向往与渴望,都能折射到龙体育中。关于龙的传说,不同地域存在着不同的传说故事,按照不同起源、不同区域、不同材质、不同节数等进行分类,各种龙同宗同源。比如武汉汉阳的高龙、湖北潜江的草龙与南雄市百顺镇的香火龙的传说如出一辙。纵观来看,民俗体育龙文化体现了民族的"龙神信仰"。

一、龙的神话传说

　　龙历来被认为是中华民族的象征,中国人历来称自己为"龙的传人"。

---

① 爱德华·霍列特·卡尔.历史是什么? [M].陈恒,译.北京:商务印书馆,2007.

龙被认为是万能的神,有动物起源说,如蛇说、马说、蛇说、羊说等,也有自然现象说,如闪电说、雷说、水说、云说等。通过一些考古材料可知,北方遗存多于南方,有学者认为龙的出现北方早于南方①,闻一多先生在《伏羲考》中提出龙是蛇加各种动物集成,意味着以蛇图腾为主的远古华夏民族、部落不断战胜融合其他部落,形成了传说中的龙。龙是民族融合的产物②,"长着骆驼的头、麒麟的角、乌龟的眼睛、牛的耳朵、蛇的身子、蜥蜴的腿、老虎的掌、鹰的爪子、鱼的鳞、口角有须、额下有珠"③,"鳞虫之长能幽能明能细能巨,能短能长,春分而登天,秋分而潜渊"④。

自然界并不存在龙这种动物,其本身是人们对一种集马头、蛇身、鹰翅、凤爪等神化的"模糊集合体",是人们想象的"神物",认为龙能聚能散、能潜能见、能弱能强、能微能章、变而不可测、动而不可,具有百兽之身,能够集日月精华,聚天地神气。农耕时代,龙被视为"司雨之神",人们对龙的崇拜源于祈求龙在变化时能给人们恩泽,少给或不给人们带来灾难。如天旱时司管雨水的龙能够兴云布雨;洪涝时龙又能归落江河,收水放雾⑤。

颜师古注引应劭语:"师者,长也,以龙纪其官长,故为龙师。春官为青龙,夏官为赤龙,秋宫为白龙,冬官为黑龙,中官为黄龙。"可见,太皞部落是以龙为标志和象征的部落,众说纷纭。唯有龙"不是自然界某种东西的简单呈现"这一观点达成共识。龙在汉代时在形式上高度发展,成为真正定型期⑥。特别是1987年在河南濮阳西水坡遗址出土了蚌塑龙,距考古专家鉴定距今6400多年,具有中国古代传说中龙的形貌特征。可见,中国龙的形貌在6000多年以前的中原地区就已经大致定型,粤北民族地区的民众从中

① 铁军,侯越,潘小多,等.日本龙文化研究[M].北京:中国传媒大学出版社,2013.
② 闻一多.闻一多全集[M].北京:生活·读书·新知三联书店,1982.
③ 《线装经典》编委会.说文解字[M].昆明:云南教育出版社,2010.
④ 许慎.说文解字[M].杭州:浙江古籍出版社,2016.
⑤ 庞烬.龙的习俗[M].西安:陕西人民出版社,1988.
⑥ 吉成名.中国崇龙习俗研究[M].天津:天津古籍出版社,2002.

原迁徙而来,对于龙神信仰具有同根性。

二、民俗体育龙的传说

(一)粤北龙神传说

1.龙神降雨的传说

在田野调查中,村民们对舞香火龙耳熟能详:康熙年间,百顺一带遭遇大旱,蝗虫肆虐,瘟疫流行,人心惶惶。有一天,村里有个老人做了个梦,梦见村边的水塘里飞起两条龙四处游走,游到的地方灾衍尽除。次日,老者将梦告诉村民,并且带着村里人去水边查看,发现那里有两堆干稻草。于是老者倡议用稻草扎成草龙,并且在草龙上插满燃香,让年轻力壮的年轻人舞着草龙在村里巡游,期望驱灾祈福。经这么一闹腾,天降大雨,旱情解除,老年人的梦居然成真。于是村里每年都舞香火龙,消除灾害,白竹片村的祖先早在清代初年从江西大余县迁过来,龙神降雨消灾的传说是从中原地区传入还是自身创造发明不得而知,此传说故事与中原草龙的传说如出一辙。

2.龙神保佑安康的传说

民众中流传着扒龙舟的神奇故事,犁市镇扒龙舟的传说故事有以下几种:第一种说法,犁市镇位于浈江河畔,临近龙舟水期,侯屋村受不了龙舟水,一阵龙卷风就把整船人都卷进去了,为了祈求龙神保佑。第二种说法,这个村在龙舟水期间,一阵龙卷风掀起大浪把龙舟全部淹没了,但是出乎意料的是整船人都安然无恙,这个故事强化了神灵的神奇作用,强化了人们对于龙舟仪式的信仰,知道仪式过程中的禁忌,比如龙舟下水、抢青、行亲戚、洗码头、饮龙舟水、吃龙舟饭等仪式①。这些日常仪式,是人们行为规范的准

---

① 李冬香.韶关犁市扒龙船调查报告[J].韶关学院学报,2017,38(7):1-7.

则，信仰上，人们将洪水发生的偶然与划龙舟活动的必然进行联系，以此寻求心灵慰藉。

在田野调查中，当地居民随口唱出关于龙神信仰的龙船歌，"神灵崇拜，打起锣鼓就唱歌，山神土地来保禾，把护今年禾大熟，一年割出两年禾。新打龙船一束光，龙船肚下种黄姜，种到黄姜炼黄纸，炼到黄纸写文章。唱歌唱到凤凰桥，转头一望远尧尧，转头一望尧远，足踏码头步步高""今夜送神送得早，十年本间十年好，荣华富贵千家乐，明年迎神还要早"。可见，村民们对龙神信仰的受影响程度至深，耳熟能详到随口吟唱的歌谣体现出他们对龙神的认知。

（二）粤北康王神的传说

九十九节龙来自康王神的信仰。康王属于人神，康王到底是谁，众说纷纭。有人说康王是周康王，有人说是楚康王，有人说是宋康王，也有学者说康王可能不是姓只是封号①。康王只因英明治国，受到民众爱戴被神化。据史料记载，叟里元村早在唐宋时就有中原氏族迁移过来居住，对龙神向来都很崇敬，叟里元村位于雄州名山君子岭与"三姐妹"等高山脚下，这里原始森林资源丰富，环境优美，耄耋者众多。相传古时南雄的几个书生郊游时途经此地，见这里茂林修竹，田连阡陌，稻花芳香，众多白发老人坐在沙河岸上钓鱼，禁不住脱口而出，"此地一定是叟里元！"此话被路过的老者听见，口口相传，这个村由此得名。

《珠玑巷古今》第18辑《南雄文史资料》记载，九十九节龙的传说，说法有二，难以考证。第一种说法，相传在周朝时，叟里元村的狮子岭上有怪物，每到收获季节就出来祸害庄稼。农历七月初七那天，康王神与龙王神显灵相助，连下几天大雨，农田不再受旱，怪物也被征服，变成了一块礁石，从此这个地方风调雨顺、五谷丰登，人民丰衣足食。于是，每年七月初七，村民们

---

① 沈丽华,邵一飞.广东神源初探[M].北京:大众文艺出版社,2007.

舞九十九节大龙,扛起康王菩萨在全村巡游,让康王菩萨接受村民焚香跪拜和祈愿福寿安康。第二种说法,七月初七舞"九十九节龙"与中国的"情人节"传说完美结合,牛郎与织女相会,繁衍了子孙后代,"九十九"代表着人员众多,生生不息,神话传说中的织女可从叟里元村北面的高山"三姐妹"的故事中窥见一斑。可是天帝硬逼着织女离开人间,只允许织女在每年七月初七与牛郎相会,为了纪念"七夕节",所以有了"舞九十九节龙"活动。

神话传说也随着时代发展不断变化,远古时期是人们对自然现象或文化现象的理解想象出来的故事,逐渐发展为人民群众的艺术创作,地方传说通常经过纵向传播或横向传播,与中国历史以及地方历史相结合。九十九节龙的相关资料由于多种原因基本上没有任何资料残留,但是对南雄历史颇有研究的 SRJ 老师(访谈地点:SRJ 老师工作室,时间:2019 年 9 月 14 日)认为九十九节龙文化是中原南迁的典型标志与情感纽带,这个观点并未能与历史很好地结合,传说有待进一步考证。

第二节 起源于宗教祭祀

一、源于宗教祭礼

民俗体育龙文化与宗教祭祀之间存在着天然联系。体育起源于宗教活动,从盛大的古代奥林匹克运动会可窥见一斑,祭祀仪式是为了纪念众神之首宙斯,除此之外,特尔斐的运动会是为了纪念太阳神阿波罗,阿加利的运动会是为了纪念宙斯的儿子赫拉克里斯。我国周朝有三种重要的祭祀活动,分别是郊天之祭、社稷之祭和宗庙之祭。《礼记·祭统》记载,"凡治人之道,莫急于礼,礼有五经,莫重于祭"。《周礼·春官宗伯·大宗伯》中将祭祀对象分为天神、地祇和人鬼。"天神"指天、昊天、上帝、帝、五帝、日月、星辰、司命、司中、风师和雨师,"地祇"指地、社稷、四望、五祀、五岳、山林、川泽、四方百物和群小祀,"人鬼"指先王、先公、先祖和祖庙。虽然中国古代人民具有多神论信仰,但是以龙神信仰为主体,以龙神信仰开展的祭祀活动都是国家公共祭祀,人类社会最早的祭礼除了"事神致福",用于人神沟通的祭祀仪式和礼制中的"舞龙"是典型代表。不少学者通过发掘的岩画,考证出先民们欢娱的场景,推测上古时代就存在舞龙,先人们通过巫术仪式求雨[①]。《史记》记载,西周时就有了龙舟的雏形,是龙崇拜与舟相结合的产物。《汉代舞龙之证据再认识》论证汉代是舞龙活动形成的准备期[②],《春秋繁露》记载:"春旱求雨时,以甲乙日舞大苍龙一,长八丈,居中央。为小龙七,各长四丈,于东方。皆东方,其间相去八尺。小童八人,日服青衣舞之。夏求雨,以丙丁日舞大赤龙一,长七丈,居中央,又舞小龙六,各长三丈五尺,于南方,皆向南,其间相去七尺,壮者七人,服赤衣舞之。秋求雨,以庚辛日为大白龙一,长九丈,居中央。为小龙八,各长四丈五尺,于西方。皆西乡,其间相去九尺,鳏者九,服白衣舞之。冬求雨,以壬癸日为大黑龙一,长六丈,居中央。又为小龙五,各长三丈,于北方。皆北乡,其间相去六尺,老者六,衣黑衣而舞之。"[③]可见,汉代时舞龙已对不同季节舞龙的颜色、人数、人员要求、舞龙间距、舞龙方向和舞龙服饰做出明确规定,汉代舞龙综合了音乐、舞蹈、武术诸多门类,从"角氐"发展到"百戏",随着西汉政权崩溃,曾经兴盛的乐府被罢黜[④]。汉代之后唐代盛世,文化艺术高度发展,统治阶级对皇权的专制促进了龙舞的发展,文人墨客为统治阶级服务,较少关注下层民众,留下的民间习俗活动内容较少。随着广东历史上四次大的迁徙,中原文化南移,龙文化在粤北不同村落以不同形式萌芽、发展。

---

①　郝勤.体育史[M].北京:人民体育出版社,2006.

②　曾鸣.汉代舞龙之证据再认识[J].广西师范大学学报(哲学社会科学版),2010,46(5):126-129.

③　董仲舒.春秋繁露[M].北京:中华书局,2011.

④　张秀平,王乃壮.中国文化概览[M].北京:东方出版社,1988.

二、源于对祖先或英雄的祭祀仪式

舞龙的深层含义是迎接生命之神龙的复活,各种舞龙活动中,常伴随着各种祈祷丰收胜利的仪式和习俗。

中原氏族南迁珠玑,除了引进先进的生产劳动技术,也带来了中原的一些文化习俗,如纪念爱国诗人屈原的传统习俗端午节。端午节除了包粽子之外,还有赛龙舟、唱龙歌的习俗。传到南岭后,珠玑由于地理位置所限,没有大河大江,无法赛龙舟,珠玑巷的先民们因势而改,扛着"茅船"唱着龙船歌穿街过巷,唱"旱地龙船歌"祈求五谷丰登、风调雨顺。《古今图书集成·南雄府风俗考》载:"天中节,是日制茅船,昇天符神压船送河去,云遣瘟,金鼓殷雷,齐唱船歌。"

清康熙《曲江县志》记载,扒龙舟是武江河两岸民众世代沿袭的端午节习俗,民国时期以及新中国成立后较长时间内,韶关市境内浈江、武江、北江河沿岸村庄仍然是年年龙舟赛事不断[①]。据当地年长者 ZYY(会唱龙船歌)讲,当地扒龙舟源起于纪念屈原。《曲江县志》记载,秦始皇发兵开凿大庾岭道;汉高祖元年,曲江地域为南越国属地;三国时期郡治设曲江县城;东晋元兴二年(404 年),广州发兵攻占始新郡县(亦为曲江县城),为充实队伍,伐木造船,为北伐做准备。南北朝梁太清三年(549 年)冬,曲江县豪杰侯安都和始新人张偲起私兵 300 甲从之。在八十多岁的 HXS(访谈地点:韶关市区,访谈时间:2019 年 5 月 17 日)看来,划龙舟主要是为了纪念侯安都,侯安都是曲江桂头人,今属于乳源县人,战功显赫,为南朝一代名将,侯氏家族为了纪念他,每年举行扒龙舟。村里的男女老少对龙舟都很喜爱,很多年过端午节都会到河边观赛。HXS 在家里收集了许多关于龙舟的歌词,还成立了"侯氏宗亲会",便于开展祭祀活动。

---

① 广东省曲江县地方志编纂委员会.曲江县志[M].北京:中华书局,1999.

　　犁市镇扒龙舟源于祭祀,得到了村民们的广泛认同,曾任过小学教师的退体老师侯老师介绍,"我生于1942年,扒了50多年龙舟,犁市镇扒龙舟也叫划龙船,过去为了纪念屈原大家卖稻谷也扒龙舟。屈原一心为国结果被奸臣害死,老百姓怕屈原的遗体被鱼吃了,所以端午节划龙船、吃粽子,将粽子米撒在江里给鱼吃,让鱼不要吃屈原的肉体。之后形成习俗,农历四月二十九号龙船下水,还有采青祭祀"。

　　《武陵竞渡略》记载:划船不独禳灾,且以卜岁,充分说明竞渡曾被作为卜岁求禳的手段。宋代朱翌曾经对端午节曲江竞渡进行观赏后作诗《端午观竞渡曲江》:"楝花角黍五色缕,一吊湘累作端午。越人哀君楫迎汝,呼声动地汗流雨。鱼虾走避无处所,小试勒兵吾有取。楼船将军下潢浦,饮飞射士矿强弩。大堤士女立如堵,乐事年年动荆楚。却忆金明三月天,春风引出大龙船。二十余年成一梦,梦中犹记水秋千。三军罢休各就舍,一江烟雨朱帘夜。隐隐滩声细卷沙,沙浅滩平双鹭下。"可见,粤北扒龙舟的习俗由来已久,与南方大多数竞渡习俗来源无异,都是纪念屈原。

第三节　起源于生产劳动

　　生产劳动是人类社会发展过程中不断认识自然和改造自然的过程。人在与天地同体、与自然相融的过程中产生了很多关于龙的谚语。比如江苏的多龙多旱,意指"龙出现的次数多,旱情必多","龙挂江,晴堂堂"意指江的上空挂上漏斗云,天气晴朗,浙江流行"挂龙三朝雨,多龙反是旱";山东流行"老龙挂,大雨下";湖南盛行"云绞云,雨淋淋";广西流行谚语"滚轴云来,风急雨猛";河北流行谚语"龙吸水,有雷雨"[1]。由于历史条件的限制,强健的体魄、齐心聚力显得尤为重要,龙舞或者龙船在日常生活中应运

---

[1]　王笠荃.中华龙文化的起源与演变[M].北京:气象出版社,2010.

而生。

一、舞龙环境

粤北地区即广东省北部地区,以山地和丘陵为主,具有历史悠久、门类多样、系列完整、发展迅速等特征。先民文化有"马坝人""石峡文化",封建社会中有"自古南天第一人"张九龄所代表的儒家文化,"立德、立功、立言"的儒家文化在粤北成为三座高峰。粤北是客家文化集中表现地区,喜欢以姓氏命村名,有的采用原籍命新居地,也有的以祖先名字或者祖先排行命名新居地,还有的采用独特的命名方法以示迁徙特色,如连州市麻步有个村子因村民来自遥远的四川,便以"五里"之名命村,南雄水口有个弱过村,原委是该村从南宋宝祐年间从江西迁来时,因为人少势弱常受欺凌,后人丁兴旺,摆脱了受欺辱的局面,特取"弱过"二字命村,意为"弱小的时代已经过去"。迁徙留信息,地名话沧桑,从村名命名可见其来源于三个方面:一是沿袭来源地的原名,二是采用祖先名字或者排行命名,三是心怀美好愿望的命名。

百顺镇白竹片村,顾名思义,"百顺"是寄希望于"百事顺利",白竹片是地理特征,因为白竹片村位于山区,生产白竹。南方竹子多,用途广,南方人对竹子的感情尤深。原因大概有二:一是南方竹子多,二是竹子用途多。苏东坡曾说:"岭南人,当有愧于竹。食者竹笋,庇者竹瓦,载者竹筏,爨者竹薪,衣者竹皮,书者竹纸,履者竹鞋,真可谓一日不可无此君也耶!"白竹片村因此得名,充分说明粤北先民有很深的竹文化的修养,深谙"宁可食无肉,不可居无竹"的奥秘。

二、源于日常生活实践

体育是以身体练习为基本手段促进身心健康的文化活动[①]。生产劳动

---

① 杨文轩,陈琦.体育概论[M].3版.北京:高等教育出版社,2021.

中的走、跑、跳、投、攀爬、翻滚等都是体育运动的基本元素。舞龙最早的雏形是人们身手相接有节奏地律动，一方面是为求雨祈天，另一方面可能是生产劳动之后庆祝丰收的喜悦。

舞香火龙的稻草来源于粤北农村农作物，人们将稻谷变成稻草的整个流程需要弯腰插秧、奔跑施肥，稻谷成熟之后，需要手握镰刀、弯腰收割，两手交错轮回、挥舞镰刀，从稻谷生产到变成稻草，人们一直都在劳动。

据舞香火龙的第四代传承人 FJG 讲述，舞香火龙发源于南雄市百顺镇白竹片村，距今有 300 多年的历史，村里有位老人在疫灾肆虐时做了个梦，梦见村边响水塘飞起两条金龙，四处游走，金龙所到之处灾害即消，瘟疫尽除。第二天，这位老人将梦中的事情告诉了村里人，并且召集村里人去响水塘查看，只见两条黄蛇在水面上游弋，老人说：这不是蛇，是龙！还看到塘边堆着干稻草（是村民用来烧灰施肥用的），受此启发，老人便提议村民将稻草扎制成草龙，在草龙身上擦满燃香，让村里身强力壮的青年打着香火龙在村里游走，还按照响水塘发出"咚咚哐"的声音，一路敲锣打鼓，燃放鞭炮，以示驱害除灾之意。果然一闹腾，不久，天降大雨，旱情解除，疫灾尽消，从此以后，这些习俗代代相传。

龙舟是人们生产劳动的工具，村落之间隔着小河，村落之间的往来迄今依然以船过渡为主要交通方式，为加强村民之间的联系，龙舟习俗一直延续，龙舟是在打造的龙船上扎上"龙头"组成。人们在扒龙舟过程中的基本技术动作与体力是由于日常积累的身体基础。此外，人们在以船作为交通工具或者捕鱼为生的划船过程中，发展了肌肉力量等身体素质，扒龙舟与日常生活构成要素相同。

在江河中扒龙舟是中国古老的习俗，有证可循的是，宋代的旱龙船是在陆地上模仿划龙舟的样子，远远望去，好像船在水中泛游。

清代《北京走会图》所绘《旱船走会》画一女子"坐"在"布船"中，西装打扮，右手执扇，另一花脸艄公，手执竹竿作撑船状，旁有四乐人伴奏，一人背打鼓,一人击打鼓,二人击钹,这与现今民间在欢庆节日的游行队伍中表演的《跑旱船》差不多。这种表演队伍是业余或半业余的群众性表演队伍,其中的各种表演专案,代代传承,正是由于它们与人民的生活及风俗习惯紧密结合,故此具有顽强的生命力,千百年来传承不断。在粤北民众的日常生活中,能够听到村民们唱《春牛歌》,舞春牛,唱龙船歌,扒龙舟乃至划旱龙船。

第四节　起源于娱乐活动

体育起源于娱乐活动,历来有"游戏起源论"之说。古时候人们获得丰富的猎物或农作物丰收之后,聚在一起采用载歌载舞的形式表达喜悦之情[1]。粤北民俗体育龙文化也不例外,源于乐活动。

一、娱乐先辈的"板凳龙"传说

新田村盛行板凳龙。新田村始建于西晋,原名"新溪村","新"意味着"新开拓","溪"指依山傍水,后来更名为新田,民间流传着"先有新田李,后有乌迳镇",新田村被称为"迁徙南雄第一村"[2]。

在田野调查中,SRJ老师讲述了新田村的来历和板凳龙的传说:相传,湖南有个叫刘牛的农夫,由于家里穷,到五十岁才娶到老婆。生了两个儿子后,老婆就去世了。儿子们十几岁时,农夫忽然生病了,躺在床上起不来,他对两个儿子说:此生没有能力把儿子养大,唯一的心愿就是想看看富人家办喜事时舞龙。可是左等右盼,始终未见"龙"的影子,眼看刘老汉快不行了,两个儿子急中生智,试着将板凳举起来当龙舞,刘老汉非常开心,直夸两个儿子玩龙比富人家舞的龙都好看。从此舞板凳龙被其他人效仿,逐渐形成

① 董好杰.当代体育文化多维探索与研究新思路[M].北京:冶金工业出版社,2018.
② 广东省人民政府地方志办公室.广东印记(第五册)[M].广州:广东人民出版社,2018.

为一种习俗①。

二、发展于近代革命斗争

体育自产生之初就与争夺生产、生活相关联的生存物质关系密切,后来慢慢演变成部落之间、氏族之间的冲突与斗争,为了提高战斗力,争夺更多更有利的物质资源,各部落会组织人员参加身体训练。

韶关市 2017 年 7 月 26 日举行了红军长征粤北纪念馆奠基仪式,《南方日报》作了专题报道,题为《重温粤北红色历史 弘扬伟大长征精神》。韶关市是岭南通往中原的交通要道,历来是兵家必争之地。1923 年至 1934 年,毛泽东曾经八次踏进韶关,考察农民运动,调查农民运动情况,创办"北江农军学校",组织韶关工农团军参加南昌起义,成为起义军中唯一的地方革命武装力量。1934 年 10 月 25 日至 11 月 14 日,红军长征经过韶关、南雄等地,突破国民党军队的 3 道封锁防线。1935 年,项英、陈毅等率领部队突围驻扎粤赣边界,在南雄开展游击战,写下了气壮山河的《梅岭三章》,其中"断头今日意如何? 创业艰难百战多"成为经典名句。粤北民众积极参与到抗日战争中,1938 年至 1942 年,中共广东省委将广东省委机关从广州辗转到韶关②。

新田之仗打响红军长征入粤第一枪,当地至今流传着"当兵就要当红军,退伍下来不愁贫,会做工的有工作,会种田的有田耕"的歌谣。新田之仗为红军顺利通过南雄提供了坚实的基础,老百姓通过"龙船歌"的形式进行宣传,为革命胜利起到了非常重要的作用。在粤北山区,究竟是先有红色革命后有扒龙舟,还是先有扒龙舟后有红色革命,现有史料无法确切考证,但是在革命斗争过程中创编的龙船歌是不争的事实,通过扒龙舟为革命斗争

---

① 林继富.中国民间游戏总汇 表演卷[M].长沙:湖南文艺出版社,2016.

② 王聪,毕式明,邵轩.重温粤北红色历史 弘扬伟大长征精神[N].南方日报,2017-07-25.

强身健体,激昂斗志无疑是与体育产生于战争同出一辙。

第五节　起源于教育

一、体育的内容来自教育

教育是人类社会特有的一种社会活动,满足人类为延续种族以及促进自身发展的需要。教育最初没有专门的组织形式,处于自然状态,最早出现的关于生活、图腾、禁忌乃至生产、战争等方面的内容,属于广义的教育。狭义的教育自夏商周出现学校名称开始,限于学校教育,如夏代的"校"是指养马和驯马的地方,后来演变为操练和比武的场所。夏代的学校多为军事训练而产生,商代的"序"原指射箭打靶的场所,商代的学校教育也多以军事训练为主。周代的学校称之为"庠",原本是供养老人的地方,指把有道德修养和有知识经验的老人供养在那里,让他们教育和培养下一代的生产技能以及尊老爱幼的礼仪。

二、我国自古就有完备的民族体育

"体育"一词最早由日本的"体操"引入中国,源自英语"physicaleducation"。法国教育家卢梭在《爱弥儿》一书中提出"体育",其描述的是对身体进行养护、培养和训练的过程。狭义的"体育"是指"身体的教育",广义的"体育"是指以身体练习为基本手段促进人的身心健康、提高生活质量和生命质量的文化活动。根据行为理论的观点,民族体育是指"作为主体的自我对作为客体自身,运用本族群习惯的、有序的、具有一定能量代谢水平的身体行为,主动进行生命塑造的活动"。舞龙是民族体育的典型代表,能够教给民众团结一心的精神,需要全体参与者协调配合。扒龙舟同样需要全体参与者步调一致,奋力争先。

　　扒龙舟时还可以唱龙船歌,歌词里多为生产劳动常识,如在田野调查中,犁市镇侯屋村的八十多岁的HXS对龙船歌能够脱口而出(访谈地点:犁市镇浈江边,访谈时间:2019年5月15日)。他随口唱出的歌词记录如下:

　　正月里来春耕到,俺等来唱春牛歌,唱得不好请原谅,因为俺等唔在行。

　　二月里来春草旺,俺家耕牛肥又壮,摸了牛头摸牛尾,摸得耕牛吩声响。

　　三月里来春耕忙,家家户户生产忙,耕牛洗脚上了坎,我等快快来插秧。

　　四月里来禾苗壮,俺等下田杀虫忙,禾苗生得青又壮,俺等丰收有希望。

　　五月里来禾花黄,村前村后融春光,出得禾串又青亮,成熟谷子黄金亮。

　　六月里来夏收忙,割稻谷子堆满仓,夏收夏种忙完了,大家快快交公粮。

　　七月里来好紧张,耕牛下田犁耙忙,做好禾田插好秧,管好水来壮禾苗。

　　八月里来桂花香,中秋月饼大家尝,田间管理要做好,下肥杀虫忙又忙。

　　九月里来是重阳,禾苗出穗串串长,日日早晨下冷露,催得禾串易转黄。

　　十月里来霜降到,收割禾机准备好,割到禾扎轻轻放,一颗一粒进谷仓。

　　十一月来犁冬耕,翻田晒白费人工,搞好备耕不放松,明年春耕更轻松。

　　十二月来又一年,保护耕牛过冬天,一日三餐去放秆,夜添禾草好休眠。

　　龙船歌教给村民社会规范与文化教化,从正月到腊月,对农民的农活和日常生活常识采用歌谣的形式吟唱传承。此外,传统社会中的社会秩序维护主要从资源和权力制度、意识形态和文化理念两个方面维系。如老人们在扒龙舟时唱龙船歌,让民众了解生命历程以及孕育生命的艰辛:

　　正月怀胎不是春,棠梨开花正春分,急水滩头洗根苗,唔知生根不生根。

　　二月怀胎不正时,手软脚累路难行,手提花篮懒得想,脚穿花鞋走的拖。

　　三月怀胎三月三,三餐茶水并二餐,三餐茶饭不想食,心想杨梅口中酸。

　　四月怀胎食杨梅,怀胎娘子叫哀哀,双手攀紧杨梅树,又怕损伤胎中儿。

　　五月怀胎时男女,七孔八窍变成人,是男是女在肚中,唔知何时何日生。

　　六月怀胎时三伏,烧茶煮饭懒行前,喂猪扫地身难转,平地好比上高山。

　　十月怀胎小儿生,怀胎娘子吊肚兜,大叫三声无人应,细叫三声血长流。

雏鸟喊天天不应,雏鸟喊地地不灵,牙齿咬得铁钉断,花鞋踏得地皮穿。

养仔唔懂娘辛苦,养女晓得苦辛娘,养到男仔又粗暴,养到女子报娘恩。

二十四节气是中国传统农业生产生活经验的精华与总结。其中最重要的是农业生产方式,粤北民众通过龙舟歌唱出日月轮回和二十四节气《香包歌》:

正月香包早起头,十人过了九人谋,香包只是铜钱大,还有好花在后头。

二月香包姐模样,桃花牡丹姐心肠,郎尧麒麟对狮子,妹要金鸡对凤凰。

三月香包绣三方,三两胡丝四两香,千两黄金我不卖,有心送过我新郎。

四月香包绣四方,绣个月亮天中央,初三初四蛾眉月,十五十六两头光。

五月香包绣端午,绣只香包来避邪,门插艾蒿香满堂,驱疫抗毒防侵扰。

六月香包绣六方,绣棵大树路中央,有日我郎路中走,大树头下乘风凉。

七月香包绣七方,绣起天上七颗星,绣起天上七姐妹,八大仙人吕洞宾。

八月香包绣八方,绣个月亮天中央,初三初四蛾眉月,十五十六月团圆,

九月香包绣九龙,绣只黄龙对黑龙,绣只黄龙江边走,绣只黑龙下海中。

十月绣包绣十方,绣条大路上中央,绣条大路上南京,绣条小路转家乡。

十一香包就绣了,绣起文官对武官,绣起文官朝中用,绣起武官保家乡。

十二香包又一年,绣起香包郎过年,绣起香包我郎戴,荣华富贵万年长。

三、通过仪式呈现

仪式是一种历史记忆,通常被认为是由文化传统所规定的行为方式的程序,本身蕴含了丰富的教育内容。例如舞香火龙,首先,拜祭祖庙,表现出对祖先的崇敬,传递中国传统的"尊敬长辈、孝敬祖宗"的"孝忠"思想。其次,在扎龙之前梳理稻草,一方面便于扎龙,另一方面也是表达对农作物的崇拜之情。再次,舞龙仪式讲究拜四方,预示着东南西北不同方向的含义,即在日常生活中不同行业的人同样值得尊重,龙头先进、龙尾先出等仪式流程代表着舞龙的一些规则,跟"长幼有序"同理,尊重仪式与流程教给民众团

结一心,只有大家齐心协力,舞龙才能够舞出气势。此外,扒龙舟时,安装龙头、龙船下水、洗码头、走亲戚甚至迎接龙船、送龙船等都有一定的仪式和流程,即便是现代竞技的龙舟赛事,一样有"点睛"仪式。

仪式本身是一种程序,体现着人际关系、社会秩序、行为规范。仪式脱胎于原始社会,用于纪念先辈、和睦邻亲,其在启迪思想、塑造价值、行为方式上具有重要作用。

粤北民俗体育龙文化的教育作用采用"礼仪"的形式呈现,通过仪式呈现中国传统文化的精髓,无论是舞龙、扒龙舟活动中的禁忌,还是唱龙船歌的内容,实际上传播了生产劳动、日常生活中的行为要求与规范,潜移默化地对民众起着传统文化教育的作用。

第三章

粤北民俗体育龙文化保持"原生态"的发展历程

钟敬文先生认为:民俗是人类社会发展到一定阶段的产物。有学者参考《山海经》《荆楚岁时记》《风俗通义》等文献,提出龙文化随着时代发展在变迁①。我们通过文献资料、地方志、家谱、碑文和老年人口述史来划分发展阶段,探寻粤北地区南雄市百顺镇白竹片村的香火龙发展历程:第一,传统发展阶段(1957年以前),中国几千年的封建社会结构稳定,粤北民俗体育龙文化来源于中国封建社会又有其特殊性,缘起于中国传统龙文化具有同宗性。土地改革和工商业改造打破了封建土地和财产所有制,对经济发展产生了影响,但是粤北民俗体育龙文化总体上按照传统形式进行。第二,断裂阶段(1958—1985年),"文化大革命"掀起的"破四旧"之风,造成舞龙活动停滞。第三,复兴阶段(1986年至今),中国历史上的特殊时期使龙文化曲折发展,1978年"拨乱反正",明确了工作中心从阶级斗争转移到经济建设中来,国家倡导开展丰富多彩的文体活动丰富人民生活,民俗体育龙文化的记忆被唤起。经过一定恢复时期,1986年,龙文化的相关活动回归日常生活。

第一节 传统时期——"香火龙"的起步与发展期

舞香火龙源自中国传统龙文化对民众的深远影响,最早舞龙以"求雨"

---

① 莱斯利·A.怀特.文化科学:人和文明的研究[M].杭州:浙江人民出版社,1988.

的巫术形式存在,后来逐渐发展为"神权授意",是人们对大自然无法解释的现象的一种情感寄托。历史上因为战争、饥荒等造成的人口迁移对粤北地区的龙文化产生了深远影响。中原地区流行的"舞龙"多以泥土制成,存在容易雨蚀,舞起来僵硬、不灵活等缺点,粤北地区不同的村落就地取材创编出不同的龙舞,以香火龙为盛,以浈江区湾头村、仁化县古夏村以及百顺镇白竹片村创编的舞香火龙都非常流行,尤其以百顺镇的舞香火龙为盛,被评为国家级非物质文化遗产。

百顺镇具有舞香火龙的地理优势,百顺镇位于大庾岭山区,距离南雄市区58公里,距离韶关市区129公里,百顺镇地势高,白竹片村海拔700多米,俗称居"百丈之上"。过去方言中"百上"的"上"与"顺"音近,明朝时户部尚书谭大初编撰《南雄府志》时,把"百上"修改为"百顺"。百顺镇地处二省四县交界地,山环水绕,群山巍巍,毛竹如海,有大量可开垦成耕地的土地。该镇大部分属于林区,森林覆盖率达到80%以上,位于百顺镇的东北部,由三个自然村落组成,分别是大片村(傅姓)、金狮水村(叶姓)、吊公寨村(曾姓)。该村所在位置地形平坦,周围有大量可开垦成耕地的土地,附近有一片湿地,在该村往东约500米处有一口自然形成的山塘,后来人们称之为"响水塘","响水塘"是舞香火龙传说的缘起地。舞香火龙文化主要从物质、制度和精神三个层面进行阐述。

一、物质文化

物质是劳动实践的基础,且物质文化总是与自然环境相适应,香火龙的物质文化主要包括地理环境、住宅格局、器材场地、舞龙技术等方面。

地理环境。粤北地区盛行舞香火龙,浈江区湾头村、仁化县古夏村以及南雄百顺镇白竹片村的舞香火龙分别被评为不同级别的非物质文化遗产,百顺镇的舞香火龙更是被评为国家级第二批非物质文化遗产传统舞蹈类名录,百顺镇白竹片村建村300多年,舞香火龙也有100多年,百顺镇山林以产

图 3.1　白竹片村居住图

竹、笋为主。白竹片村是位于山地之间的平地,盛产水稻,为舞香火龙的材料"稻草"提供了保障。(图 3.1)

"长老有序"的居住格局。白竹片村是从江西大余搬迁而来,最初只有叶姓、傅姓、曾姓三个姓氏三户人家,后来每个姓氏都发展成了不同的村小组,包括大片村、金狮水村和吊公寨三个村,每个村落格局如出一辙。外形结构上看似一户人家,但是沿着大门走进去,层层递进,一层接着一层,串联起来共四五层,每一排平房都高于前一排房屋,且两排之间距离非常近,从第一层需要向上跨越才能登上第二层房屋的走廊,每间房屋都建有阁楼,每间房不大,但功能齐全,厨房、客厅一应俱全。笔者见到了白竹片村村委干部 XJH(访谈地点:大片村,访谈时间:2022 年 2 月 6 日),聊起村里的发展时他说:"其实最早来这个村的是叶姓人家,有 300 多年了,最后到这个村的是曾姓,也有 150 多年。据老人们讲,叶姓人家最初来了两兄弟,一个兄弟在这里发展,另外一个兄弟去了百顺发展,百顺姓叶的都是我们一个家族的,我们这个地方很小,老虎、土匪、警匪,不管什么,如果来了都会让人感到害怕,所以就住得很近。"他还谈道,这种住房格局主要是当初为了抵御外来风险。

住房格局体现了三个特点:第一,从外面乍一看,就是一个门户,但走进去层层叠叠;第二,每排房屋之间的间距非常小,每间房屋建设得非常狭窄,却比较实用,空间距离是文化距离的外在表现,充分说明这个村庄每个姓之间的关系比较亲密;第三,从第一排房子到最后一排房子呈现出一层高过一层的格局,估计是在辈分上存在着差距。费孝通先生在《乡土中国》一书中提出的"差序格局"和"长老统治",从这里的住房格局可窥见一斑。此外,三个村庄的距离也很近,为共同抵御外来侵略和侵犯提供了基本条件。

舞香火龙的器材物质。舞香火龙盛行的南雄百顺镇发展史与中华民族的发展历史一脉相承,与龙神文化的传说如出一辙,舞香火龙自明清萌芽到新中国成立前,由于生产力水平低下,舞香火龙的器材采用稻草搓绳编制,再配以山上的白竹为原材料制作龙头、龙尾。首先,舞香火龙的稻草预示着人们的好收成,用稻草制作龙身,如果农民收成不好,龙身难以自保,这是希望龙神关照百顺百姓。其次,选择生长两年以上的笔直的毛竹作举杆,举杆长约90厘米,为舞龙者舞龙的手柄,将当年生的毛竹浸泡、捣碎晾干后,撮成长条麻花状的龙骨,为增加韧性,还会增添麻绳,制作龙身。稻草经过浸泡,会变得柔软、有韧性,易于做龙头、龙身,龙身上还会用竹子削成12根竹针,每根竹针长约50厘米、粗约2厘米,竹身上会插上自制的燃香①,燃香的主要作用是驱赶蚊虫,还预示"香火相传",意指子子孙孙在这里繁衍生息,薪火相传。白竹片村的香火龙为公龙、母龙两条龙,分别长9.9米和9.8米,9意指长长久久,预示着世界由男女组成是上天定好的,也是繁衍生息的必备条件。

舞香火龙的地点。村史记载,百顺镇白竹片村的祖先从江西大余县搬迁至此,最初只有三户人家,后来发展成为三个村落,龙神信仰成为三个村里舞香火龙的缘起,龙是人们心中不可替代的神灵,每到节日,人们就会祈求龙神保佑老百姓平平安安,保佑风调雨顺、五谷丰登。在通往白竹片村的路口建立了一个公庙,供全村人祭拜。此外,三个村庄的中心地带还建有祖庙,供本村人祈祷和祭拜,白竹片村分为三个村落,分别由叶、曾、傅三个姓组成,俗称"金斯水""吊钟寨""大片村",当第四代舞香火龙传承人FGJ介绍过去香火龙扎好后需要到社官庙前插香,然后从庙里先进离庙最近的祠堂,再从祠堂进入每家每户,表演的地点只是在白竹片村内。

---

① 叶春生,罗瑞强.顺德民俗解码[M].哈尔滨:黑龙江人民出版社,2005.

舞香火龙技术。百顺镇舞香火龙经过长期发展与衍变,形成了独具当地特色的民间舞龙艺术,沿袭至今。按照传统习俗,春节初二到元宵节期间都要组织舞香火龙活动,当地人称为"闹春",表示驱灾祈福之意。舞香火龙技术包括扎龙技术和舞龙技术,扎制香火龙是纯手工活,第四代代表性传承人 FGJ 介绍,他的扎龙技术师从村里一个 100 多岁的老人,这得到了大家的默认。也有文献记载:第一代代表性传承人曾纪顺生于清代,大约是 1851 年,具体文化程度与角色不详;第二代传承人钟玉桂生于清代,曾广生生于 1870 年,具体所任角色不详,直到第三代生于 1901 年的曾井养,才明确他所担任的角色为师傅;第三代传承人依然为 2 人,到了第四代传承人变成了 6 人,也明确了 FGJ 的教头身份。扎龙要懂得选择毛竹,梳理稻草,采用麻绳、铁丝等编制龙头、龙身。此外,为了让香火在夜晚空中光彩四射、金光闪闪,需要整条龙按照套路舞起来,龙头要引导龙身、龙尾舞动的方向和幅度。龙头相对较重,需要年强力壮的男士舞龙头,舞香火龙不同于舞草龙的 7 节、9 节、11 节和 13 节的玩法,香火龙由公龙、母龙组成,每条龙只能由 7~9 人舞动,舞动的技术动作主要是从生产劳动中提炼出来的动作,脚下踩"龙、虾"步伐,时而"双龙戏珠""跳跃龙门",时而又"云游四海、上下翻滚",高潮时两条火龙会在空中盘旋,流光溢彩。

2020 年 8 月,笔者在白竹片村调研,遇见白竹片村的 FSQ 与金狮水村的 YFQ 在地里采摘花生,当问起舞香火龙的情况,他俩非常热情地将笔者引进金狮水村,介绍舞香火龙的情况。他们认为舞香火龙是村里的人个个都会的技术,但是他们并没有详细介绍舞香火龙的技术。

调研发现,"传承人"对舞香火龙的技术掌握得相当熟练,其他村民也懂得舞香火龙的技术,都是参与者。自百顺镇白竹片村舞香火龙问世后,在极短时间内就传到南雄附近的不少村庄,各村派人到白竹片村学习舞香火龙的技术。例如,甘地游屋村在清代乾隆时期就来本村学习舞香火龙,包括扎龙技术,后来东坑、湖地、百顺何屋、邓洞新地等也前来学习舞香火龙与制作香火龙的技术,外地如江西省大余、南康两县和湖南省桂阳、汝城两县的村庄也先后派人到白竹片村学习这种技术,舞香火龙的技术分为选择香火、制作香火龙和舞香火龙等。

二、制度文化

制度文化是文化的中间层次。所谓制度,舒尔茨将其定义为一种行为规则,涉及社会、政治和经济行为①。费孝通先生对江村进行考察,认为社会制度主要源于人与人之间的血缘关系,以及由血缘发展起来的"亲属关系""交换关系""经济关系",直到20世纪30年代中期,家族组织在粤北地区都有相对完备的组织,具有非常强的凝聚力,主导着基层社会的治理,官府主要依托家族来管理、控制乡村。

村寨为组织单位。② 政府尽可能将同姓编为一组,宗族族长担任保甲首脑,宗族首领会借助官府赋予的行政权力,实行对乡村的管理与控制,但在深入百顺白竹片村调研的过程中,笔者发现百顺白竹片村采用的寨是社会的组成结构,由大片村寨、金狮水寨和吊公寨三个较为集中的村寨组成一个自然村,每个村寨的姓氏不同,由德高望重、办事公道、为人正直、辈分较高的男性担任寨老。寨老不是职业,而是在组织红白喜事或者调节村里的事务纠纷时才出来执行村规族约。舞香火龙的组织结构主要由村寨的寨老牵头,各村寨共同参与的民间组织举办,明末清初百顺村叶姓最早搬到这里,有300多年的历史。刚开始搬迁过来的是两兄弟,中途搬过来的是傅姓人家,最后搬过来的是曾姓人家,大约有150年的历史。初到这里时只有几户人家,经过几百年的生息繁衍,人口已经达到了600多人。1929年,白竹片村属于第九区少望乡,1940年实行"新县制",1942年改为百顺乡。明末清

① 刘洁,陈静娜.区域发展的经济理论与案例[M].北京:海洋出版社,2019.

② 杜赞奇.文化、权力与国家:1900—1942年的华北农村[M].王福明,译.南京:江苏人民出版社,2003.

初,乡绅是活跃在历史舞台上的重要力量,是活动在政府与民众之间的中间人,农村过去流传着这样的流行语,"哪怕进考场放个屁,也替祖宗争口气",充分说明有文化的人在村里有一定的威信。

在田野调查过程中,村民们告诉笔者,舞香火龙由这三个村落的人共同组织,"舞香火龙是老祖宗留下来的遗产"。南雄文化馆干部在调研中收集到的资料显示:第一代传承人是清朝的无名人士和1851年出生的曾纪顺2人;第二代传承人是清朝的钟玉贵和1870年出生的曾广生2人;第三代传承人是1901年出生的曾井养和1929年出生的傅田养2人;第四代传承人是清朝的傅敬林、1938年出生的曾锡银、1940年出生的曾宪昌、1944年出生的叶丰春、1942年出生的彭云帮和1949年出生的FJG6人,其中FJG担任"教头"角色。据当地人介绍,过去各个村落每家每户出点力,大家自发扎香火龙,然后自制燃香来舞香火龙。尽管村民们不认为有所谓的乡绅存在,但其实沟通社会组织、国家与乡村民众的中间人就是乡绅,村民很自豪地告诉笔者,说每家每户都自愿参加,暗示他们对舞香火龙存在血脉相承。

经济制度。舞香火龙来自白竹片村人祈求风调雨顺的美好愿望,白竹片村各姓氏的族长在其中起着非常重要的作用,族长之间及时沟通,商量舞香火龙的各项事宜,并选择舞香火龙的人选,并将沟通商量的结果及时告知村民。

活动经费主要来源于按照田亩或者人头均摊交给各族长,有钱出钱,无钱出力,各户之间特别团结。活动经费包括向神灵祭献,祈求风调雨顺。按照马塞尔·莫斯的观点,舞香火龙的实质就是进行礼物交换,礼物交换的主体不只是个人,而是集体之间互相交换礼物和互订契约,礼物交换的对象不仅限于物质、财富等经济上有用的东西,还有可能是仪式、舞蹈、节日及社会地位等。既有物质的交换,也有精神的交换①。礼物交换表面上是自愿与无

---

① 马塞尔·莫斯.礼物:古式社会中交换的形式与理由[M].汲喆,译.北京:商务印书馆,2016.

偿的,实际上却存在着严格的义务性或者强制性,民俗体育龙文化本身也是"礼物交换和流动"。在文化主体与龙神、先祖之间进行礼物交换,本质属性也算是一种总体呈现体系。舞香火龙期间,人们欢聚在一起,加强姓氏宗族内部以及三个姓氏之间关系的整合,由于涉及礼品赠送和交换,所以其本身也是一种经济现象。

经济上没有明确规定,且香火龙本身采用稻草扎制,是农作物收成之后的剩余物,比较充足;燃香靠村民们提前自制,不需要大的花销,人们在活动中能够收获各家各户"捐赠"的香烟、副食等物品,可供参与人分摊。在经济物资匮乏的年代,大家不计较经济利益,就是聚在一起,热闹热闹。

活动规则。《春秋繁露·求雨》中明确记载了龙舞活动的四季有别,比如"春旱求雨舞青龙""夏旱求雨舞赤龙""秋季求雨舞白龙""冬季求雨舞白龙"等规则,舞香火龙从扎龙流程到舞龙仪式需要遵从一定的规则。舞香火龙在扎龙规格上,无论是龙头、龙身、龙筋都有明确规定的尺寸要求。在舞动时间上,通常从正月初一开始扎龙,能够舞到正月十五,与中原地区舞草龙只舞三天的习俗有所不同。在舞龙仪式上,中原地区扎龙与念叨神秘的咒语密不可分,而粤北香火龙则是到庙上祭拜,庙是他们安抚灵魂的场所,未听见叨念咒语的习俗。舞龙具备一系列的程序,仪式化程序对后人能起到一种教化的作用。

在田野调查中,被授予首届国家级非物质文化遗产传承人的 FJG(访谈地点:白竹片村,访谈时间:2021 年 12 月 24 日)告诉笔者,从前各宗族族长带领村民先到家族祠堂上香,边上香边诵词,按照仪式拜完神,族长带领众人上山砍毛竹,清理稻草,再齐心协力扎龙,需扎制两条龙,两条龙的大小长短有明确规定,甚至连插燃香的根数都有规定。

参与者。白竹片村民认为舞香火龙能够得到神灵的庇护,祈求风调雨顺、百事百顺,香火龙并非某个家族所有,而是三个村庄的祖先共同留存下来的财富,所以三个村的男子都会积极主动去参加舞香火龙。理稻草的,砍毛竹的,扎香火龙的,烤香的,每个人都参与其中,等香火龙扎制好之后,敲打锣鼓乐器的,舞香火龙的,都会积极参与。舞香火龙需要舞出活性来,需要身体素质好,并且与其他人配合协调、默契。舞龙是全身运动,每个参与者体力不同,舞龙位置不同,疲劳时需要轮换,这就要求,一方面需要尽可能多的人员参与,另一方面又对舞龙者的身体素质有着严格要求。

三、精神文化

(一)信仰

以前,人们认为雨水和旱涝都由龙神主宰,农作物生产需要雨水和阳光,农作物收成需要龙神的恩泽,所以龙受到普遍崇拜。历代帝王借用龙神的神威树立自己的崇高地位,封自己为"真命天子",龙神也因此获得受人尊敬的显赫地位。不同地方的龙神崇拜得以广泛传播,以至于各民族的不同的形象既趋于统一,又进行了内部创新。百顺舞香火龙源自蝗虫肆虐、天干大旱,与农业社会自然环境的影响有关,属于保护神崇拜。

(二)仪式

仪式是象征行为。英国人类学家维克多·特纳曾指出,仪式能够在最深的层次揭示价值之所在,人们在仪式中所表达出来的是他们最为之感动的东西[①]。舞香火龙展现出来的扎龙技术、活动过程、规则以及人与人的互动关系,也是地方性知识的浓缩。

扎龙仪式。扎龙本身是一种祈福,是一种祈祷祖先神灵保佑的仪式,遵循一些规则与禁忌。首先,要看日子,选择与龙相合、相生的日子。其次,召集全村人先到神庙去拜祭神灵,再到祠堂拜祖先,然后上山选择毛竹。毛竹要选2~3年的成年毛竹,这种毛竹既有力度又有韧性,最适合用来舞动。同

---

① 特纳.仪式过程:结构与反结构[M].黄剑波,柳博赟,译.北京:中国人民大学出版社,2006.

时精选当年生的稻草去掉草尾后在水中浸泡一天一夜后晾干,用于编制龙头、龙身和龙尾,从龙头沿着龙筋扎到龙尾。最后,对所扎的公龙和母龙进行测量,按照祖宗流传下来的规矩,公龙扎 9.9 米长,母龙扎 9.8 米长。扎完龙之后,还需要对龙头进行美化、加固,然后敲锣打鼓庆祝扎龙完成。①

舞龙仪式。舞龙之前,人们会在龙身上插满燃香,锣鼓敲起来,唢呐吹起来,鞭炮声响起来,气氛热闹起来。村里人通常会举着龙先到进村口的庙宇拜祭神灵,然后举着香火龙到金狮水村(叶姓村落)的庭院舞龙,再挨家挨户去叩拜。龙头先进屋,拜祭过程中四方必拜到;龙尾先出屋,始终保持对各方神灵的敬仰。金狮水村舞完之后,依次到大片村和吊公寨村,遵循"先来后到"的秩序。舞香火龙的仪式遵循一定的流程和规则,对后辈是一种教化。另外,舞香火龙的仪式加强了村里民众之间的互动交流和情感认同。

第二节　断裂阶段——"龙文化"发展的特殊阶段

一、社会背景

传统风俗习惯是指历代相袭、积久而成的礼节、风尚、习惯的总和,是人民群众长期的心理积淀,具有一定的正当性与合理性。如逢年过节上坟祭祖的习俗,既表达了家族的传承,又表达了后人对先辈的思念和孝心。只要其间不夹杂迷信行为,就是一种正当的民俗活动。民间信仰习俗,往往具有道德教化、社会控制、整合乡村、调适心理的作用。

审视民俗体育舞香火龙的断裂发现,1959—1985 年为舞香火龙的断裂期。

---

① 李楠.民间生肖文化传播的当代意义[J].现代传播(中国传媒大学学报),2013,35(6):151-152.

二、文化变迁

文化变迁历来是人类学研究的核心议题。20 世纪 30 年代,美国进化论学派公开反对具有复古倾向的博厄斯历史主义,公开主张进化的原因是唯物主义的生产方式的变化。无论是由经济重组还是环境变化引起的,都对文化领域的其他方面产生影响,因此物质因素具有因果上的优越性。莱斯利·怀特认为文化是人类适应物理和社会环境的结果。哈里斯自称文化唯物主义,他主张用人类生活的三套体系来解释,那就是基础结构、结构和超级结构,并指出"基础结构"与社会对生产和再生产的控制相关,涵盖诸如技术、人口、谋生手段以及环境等方面,意指它是人类与自然之间的文化接触面。

(一)制度文化变迁

新中国刚成立时模仿苏联制度模式,强调权力集中,也讲究适当分权①,通过土地改革废除了封建土地所有制。1956 年,《高级农业生产合作社示范章程》颁布实施,社员的主要生产资料转为合作社集体所有。1962 年,《农村人民公社工作条例修正草案》下发,正式确立了农村人民公社"三级所有,队为基础"的原则。自 1950 年农村实行土地改革后,经过互助组、初级社以及高级社的发展阶段,农村经济从个体向集体转变,实行源于苏联模式的计划经济②。调查研究过程中发现,实行集体经济下的舞香火龙失去了过去以宗族寨联合为祭祀单位的组织机构。

(二)精神文化变迁

当人们表达信仰的客体被摧毁之后,被迫切断了精神与日常生活的联

---

① 王瑞芳.新中国成立初期的政治制度及其初步调整[J].当代中国史研究,2012,19(3):120.
② 王东京.新中国成立以来基本经济制度形成发展的理论逻辑与实践逻辑[J].管理世界,2022,38(3):1-8,18,9.

系。精神信仰是文化的核心层面,难以改变。一方面,人们被迫不再举办舞香火龙活动;另一方面,人们在传统节日依然会朝着庙宇、祠堂所在的"神像"方向烧香拜佛。有些老人回忆,"尽管逢年过节不再敢摆放供果,既看不见庙宇也看不见祖辈的神龛或神像,但是村民依然会朝着神像的方向虔诚地进行朝拜,有时候朝向叩拜的地方只是一块白璧而已"。某种程度上说明,人们不会因为舞香火龙的物品被摧毁,心中的信念就立马被泯灭,只是隐藏在心中,不敢显现出来。

　　舞香火龙是"娱神"过程中人与神交流的媒介,错误地将人自身的自然身体活动当作外部自然界所作的规定,竭尽所能进行身体技能展示以最大限度获得外部自然界的认可,从而保佑自己以及宗族身体安康、六畜兴旺、生活平安。从自然环境视角来看,生活在白竹片村的居民创造了舞香火龙,以其自然环境为基础,追求自我健康和身体技能发展,其实都是为了适应自然环境和进行自我生存与生命的调节。从政治经济角度来说,为了获得社会稳定,产生了集体性的运动形式如舞香火龙。从宗教信仰的角度,人类主要关心的核心议题为衣食住行、生老病死,于是在生产力低下的传统时代,粤北民众借助宗教仪式舞香火龙来获得心灵慰藉,被赋予祈求五谷丰登、生活安康、薪火相传的精神信仰性[①]。

　　凯西尔从符号视角指出:"所有文化从形式上建构的目的在于建立一个情感与思维共通的世界,即是充满理智而非幻想和妄想的世界。"[②]"文化大革命"时期,白竹片村民众共有、共享一种文化和意义,追逐"庙宇、祠堂以及舞香火龙"也就是"文化认同"的追逐,只能深埋进心里。访谈过程中,有个自称为父亲也是传承人之一的村民,现在从事医生工作的 FRL 告诉笔者,"那时候还小,舞香火龙的习俗遭到破坏,感觉好受挫"。吉斯登借用儿童社

---

①　王敬浩,周爱光.民俗体育对身体和谐的建构:谈民俗体育的发展逻辑及其现代道路[J].武汉体育学院学报,2008(10):15-19.

②　叶舒宪.耶鲁笔记[M].西安:陕西人民出版社,2019.

会化的理论来解释"本体性安全",其实质是对自然界以及社会认同的根本衡量因素,是正常人在社会中顺利生存的基本条件。一旦某种确定性被打破,人们所依赖的"本体性安全"就会丧失,无形之中人们就会陷入本体性焦虑状态,个体民众的无意义感和人生的失重感随之产生①。因此,即便心中有信仰,在当时的社会环境下,舞香火龙在"本体性安全"下不敢采用任何活动形式来表达精神需求。

三、原因分析

(一)物质文化变迁是这一时期文化变迁的根本条件

文化经历着人们从自发到自觉作用和推动其变迁的过程,当文化物质层面的某些特质改变的时候,精神层面和制度层面被迫适应随之发生变化,往往表现在重大思想革新运动,舞香火龙相关的器材、设施、庙宇被销毁或者活动被停滞,造成文化各个层面的变迁,形成性质上完全不同于过去的文化模式②。舞香火龙的物质被摧毁造成了龙文化的实践空间的结构解体,引起舞香火龙文化的根本性物质条件缺失。有学者认为,各地文化精神之所以不同,归根到底是因为自然物质条件的差别所致③。

(二)特殊事件成为文化变迁的外在原因

拉德克利夫-布朗指出:"文化结构是指在综合统一体中各部分的配置与互相之间的组合。"④政府力图通过破除"四旧",建立"四新",经过社会主义政治制度和文化宣传教育,树立新的文化结构。社会变革对人的思想产生深刻影响,造成观念文化与物质文化之间不能同频共振,甚至出现"失

---

① 斯科特·拉什,约翰·厄里.符号经济与空间经济[M].王之光,商正,译.北京:商务印书馆,2006.
② 陈建宪.文化学教程[M].2版.武汉:华中师范大学出版社,2011.
③ 钱穆.中国文化史导论[M].北京:商务印书馆,1994.
④ 拉德克利夫-布朗.社会人类学方法[M].夏建中,译.北京:华夏出版社,2002.

调"，舞香火龙在这一时期惨遭破坏，出现"停顿"甚至"断裂"。

（三）乡村组织丧失影响民俗体育"龙"文化的开展

"文化大革命"时期，"干部统制"取代了以前乡村主导的乡村自治，发达的民间社会组织被排挤出局，民间组织中的乡绅或社会精英通过柔性或间接方式治理乡村社会已经难以适应社会发展的需要，"破除旧世界，建立新世界"将原有的乡村自治系统摧毁得七零八落。过去农村原有的互助、宗教及娱乐面积不是萎缩，而是被摧毁①。这一时期，乡村的经济能力和文化资源都比较缺失，乡村丧失了起码的自我组织和调节能力，所有活动必须依靠国家政权的推动，而国家百废待兴，"破旧"却未"新建"使舞香火龙活动直接中断，造成了文化的断裂。

第三节　恢复期——"龙文化"重返舞台

《全民健身条例》《中华人民共和国体育法》的颁布，为民众参与体育活动提供了政策保障。发端于粤北农村的龙文化，既是民俗体育的重要内容，也是国家非物质文化遗产的重要组成部分。2005年，国务院办公厅发布《关于加强我国非物质文化遗产保护工作的意见》②，提出了非物质文化遗产保护的目标，建立了非物质文化遗产保护的若干任务：一是建立名目体系，逐步形成有中国特色的非物质文化遗产保护制度；二是要加强领导，落实责任，建立有效的工作协调机制，提出了"各级政府要不断加大非物质文化遗产保护工作的经费投入和工作队伍建设""要充分发挥非物质文化遗产对广大未成年人进行传统文化教育和爱国主义教育的重要作用"。此外，《国家级非物质文化遗产代表作申报评定暂行办法》《非物质文化遗产保护工作部

①　张鸣.乡村社会权力和文化结构的变迁：1903~1953[M].2版.西安：陕西人民出版社,2013.

②　祁庆富.论非物质文化遗产保护中的传承及传承人[J].西北民族研究,2006(3)：114-123,199.

际联席会议制度》等配套文件出台,中共中央宣传部、中央文明办、教育部、民政部、文化部联合发出《关于运用传统节日弘扬民族文化的优秀传统的意见》,对传承和传播中华文明、发展先进文化、落实科学发展观和实现经济社会的全面协调可持续发展具有重要意义。一系列文件的出台,为舞香火龙的恢复提供了政策保障。

一、物质文化"原生态"

(一)居住格局悄然改变

一直担心听不懂客家话的笔者终于到达了粤北最偏远的小山村(白竹片村)。原本客家话对于来自中原地区,入粤时间不长的笔者来说,是个挑战,未曾想到在这里也能遇到会说普通话的六七十岁的老人,不仅能够听懂笔者的问话,而且完全可以用普通话进行交流。走进白竹片村的古村落,笔者感受到异样的宗族文化、纯朴的乡土人情。

1.香火龙所在的白竹片村村落的居住格局

住宅本身并没有任何变化,变化的是村落里的人,原本人丁兴旺的村落随着城镇化的进程已经显得空荡荡,很难得见到村民住在村里,从白竹镇往东北方向行使,途径一条长长的郁郁葱葱的竹林,不知不觉来到白竹片村的三岔路口,径直向前走是金狮水村,向右转弯开过去是白竹片村,向左行驶是吊公寨村。每个村落里住着二十多户人家,每个村落都只有一个大门,从一个大门进入,可见大门里面还套着层层叠叠的平房,每一层都是格局相同的横排平房,每两排房子之间都是门对门,大门一直通向最里面,最里面的墙壁正中间排放着祖辈的神像。整个村落从外面看,俨然一户普通人家,殊不知走进去层层叠叠,让人惊诧,连墙接栋,有三四层。沿着大门走进去的是一条通道,一直通到祠堂的正厅。每进一层,层高些许,鳞次栉比,从住宅格局可见这里的居民之间关系非常近,不过每一层之间都具有层级差别,第二层的房屋高于第一层的,差序格局清晰可见。

2.村庄已近空心化

村民介绍,这里是三个村三个祖宗传承。随着改革开放,村落的年轻人出外打工,几乎家家户户都在"下面"(指珠江三角或者白竹镇上)买了房子,迁入城镇,享受社会的飞速发展,而古老的村庄信息化建设进程缓慢,至今没有5G网络,年轻人根本不愿意在这里生活,基本上住在城里。这里已经逐渐成为"空心村",是农村人办理红白喜事的场所,非常适合老年人居住。有的老人说:"由于村里的小学停办了,以前村里通往镇上的道路又没有通车,只是一条泥泞小道,基本上有在镇上买房能力的人都在镇上买了房子,老年人为了带孩子必定也会住在镇上,只有种田时才会回来一下。"对于居住了几十年的农村住所,老年人满怀眷恋,却又对现实住房格局感到无奈。离开乡村住所,农村空心化是个渐进的过程。

三个村落之间距离很近,来往密切,大片村和金狮水村都是采用层层叠叠的最里层的房子作为供祭祖先的地方。吊公寨近年来专门在房子最后面新修了祖殿,吊公寨的祖殿需要穿过前面的平房走进去才能发现。村庄里的老房子没有改变,新修了祖殿。吊公寨居住有不同姓氏人家,供奉着不同姓氏的祖殿。大年初三,见不到任何人迹,似乎没有人居住在这里,但是有老年人的衣服挂在外面晾晒,说明村庄里有老人居住。

从一个大门走进去,里面能住二三十户人家,一个大门接着一个大门,好几层大门重叠。大门左右两侧都建有房子,每一层大门的两侧都住着大门相对的人户。曾经见识过中原南迁的宦官之家,宗族祠堂修建得较为阔气,而这里的小门小户居然紧凑有致,不是大户人家,而是同宗同姓的分支,同进一家门,共同抵御外来强盗和野兽。这种居住格局温馨,为举办大型活动提供了先决人力资源的条件。

一位 76 岁的老奶奶告诉笔者,"嫁到这里五十多年了,习惯住在这里,年轻人都进了城,这里非常安静,干农活也很方便,不喜欢城市的闹哄哄"。这样的居住格局,更适合生于斯长于斯的老年人,熟识了一辈子的左邻右舍,真正能感受到"抬头不见低头见"的居住格局,这应该是老年人舍不得离开的缘由。正如《村庄的终结》所指出的一样,城市化建设影响的不仅是城中村的格局,现代农村同样由于老龄化、空心化面临着村庄的消失。那些随着农耕文化起源发展的传统体育文化正在濒临灭绝。2017 年,《关于实施中华优秀传统文化传承发展工程的意见》发布,提出加强历史文化名村名镇名城建设,重点保护历史文化街区、历史建筑以及农业遗产的保护工作。原生态的住宅格局已经将民俗体育舞香火龙的人口移居进城市,住宅依然存在,却再也留不住人在这里居住。

(二)舞动场域的改变与扩展

1.从神话走向世俗

由于农业丰收、商业繁荣和社会的进步,舞香火龙已经从根上摆脱了"求雨祭祀"的目的,彻底变成民间娱乐活动。这一时期,舞香火龙在表演上追求形神兼备,特别强调回旋婉转之态,讲究飞腾冲天之象,具有娱乐性、审美性的特征。新中国成立后,百顺舞香火龙活动蓬勃发展。1950 年正月,百顺镇政府为庆祝新中国的诞生,举行了盛大的欢庆活动。区政府组织白竹片、东坑、湖地、百顺何屋、邓洞新地等九个村庄的香火龙一起上阵,在区政府大院、百顺小学操场和娘娘庙前进行了"九龙闹春"表演,场面之大前所未有。"文化大革命"期间,文化艺术受到极大摧残,舞香火龙表演销声匿迹。20 世纪 80 年代以来,"龙的传人"之说深入人心,百顺镇舞香火龙表演再度活跃起来。

自 1986 年南雄市举办首届文化艺术展以来,百顺镇白竹片村积极组队参演舞香火龙。过去的庙宇相当神圣,村民们认为扎龙需要"神灵授意",表示扎龙只在庙里进行。有村民告诉笔者:"我们村的香火龙是祖上传下来的,扎制香火龙要准备铁丝、竹篾、稻草、竹子。等材料准备好以后,大年初一齐聚庙里扎制香火龙,大年初二开始在各个村舞动。今天在他们这个村,明天在我们那个村,大家一起参与舞香火龙。舞了之后,大家一起吃夜宵,年年都这样循环往复。舞完龙就返回庙上放好香火龙,一直放到正月十五晚上再拿出来舞动,这时候舞完就把这条龙'化掉'。"村民在给笔者讲解的过程中潜意识地认为舞龙先在庙里扎制,经过了"神"的允许与授意,一方面是为了愉悦神灵;另外通过到各个村庄去舞龙,在一起吃夜宵、聊家常,愉悦村民,充分体现了天地合一的中国传统思想。这种说法得到了其他村民的证实。也有村民告诉笔者:"不管在哪个村舞龙,各家各户都会精心准备伙食。聚会时村民会拿酒拿菜,像自家请客一样,大伙儿自然入座成席一起吃。通常近十位村民成一桌,宵夜、喝酒,谈天说地,互道祝福新年美好愿望。比如到了凌晨两点、四点,有的人打年锣,差不多天亮了,晨曦初现给龙插香,村民们继续在庙里舞一下就放下。如果想继续玩,就到庙里补充香火,去另外一个村舞香火龙。"人们相信庙宇与村庄转换,即神灵与日常生活之间相连接,祈求通过场域互动祈盼风调雨顺、国泰民安。

2.从村庄走向舞台

每年南雄市元宵节,都会邀请百顺镇香火龙参加。"舞香火龙的队伍去过韶关市展演,非常受欢迎。他们也曾去广州展演就住了将近一个月,那里的人非常喜欢观看舞香火龙。东莞那边有一个公司,也请我们村的香火龙队去舞了一次,还给我们发了奖金。"FWZ 的父亲傅爷爷如是说。(访谈地点:受访者家里)可见舞香火龙已经走出了百顺镇。原本属于民间习俗的舞香火龙,在民间艺术表演上崭露头角,1986 年被邀请到南雄市参与民间艺术展演,之后几乎每年都被邀请参加演出,1988 年还被广州邀请去展演,之后也被珠江三角洲的相关公司邀请去参加庆典。村民讲述时,笔者明显感觉到他对香火龙文化的自信和骄傲。舞香火龙使村庄里的村民走向南雄甚至更远的地方,走上舞台,脱离了村落里的庙宇空间,空间转换使舞香火龙的功能由娱神过渡到娱人。笔者在田野调查过程中发现村民们舞香火龙并没有遵循先拜祭庙宇然后在各村落巡游的流程,而是仅在金狮水村寨门前舞动。

(三)舞香火龙的器材未变

1.扎龙的原材料未变

2017年,中央电视台《文明密码》栏目组到百顺镇百顺村拍摄扎制香火龙全景,2022年正月初三,笔者到该村调研舞香火龙的情况,发现留在村庄里过年的人所剩无几。

正月初五晚上,收到村民FWZ老师的微信留言,告诉笔者三位村长协商舞香火龙活动的安排,问笔者是否有时间去现场参观。笔者收到信息后非常激动,第二天便风驰电掣驱车,赶在清晨八点钟之前到达白竹片村。没想到整个村庄竟没有人影,甚至也听不到任何动静,有点怀疑消息的准确性,电话联系FWZ老师,得到准确的回复后,只能静静等待,直到快九点钟,才有人骑着摩托车从市区方向开进村庄。最早开进来的是南雄市文化馆的三个工作人员,他们扛着长枪短炮,打算拍摄相关视频作为非物质文化遗产活动开展的影像资料。其他村民陆陆续续开着摩托车、小汽车到来。大家自觉开始梳理稻草,有的村民上山砍竹子,有的村民将竹子砍成篾片,现场未见分工,似乎是一种自发活动。之后大家动手扎香火龙,扎香火龙的原材料与过去完全一样。(图3.2)

图 3.2　扎龙前削龙头、龙尾、竹片

2.香火龙身上的装饰未变

燃香是让香火龙栩栩如生、美奂绝伦必不可少的物品,香燃烧起来才能照亮黑暗的星空,让舞香火龙平添很多乐趣。燃香的制作有几种说法。一种说法来自第四代传承人 FJG 的老婆 HSY,她说她妈妈以前教她自制香、烤香,受到了村里其他人的驳斥,认为香根本就不是自制的,他们家也不会制作香。第二种说法是燃香靠定制,据说是从江西大余那边定制的,印证了这个村庄的祖籍来自江西的说法。2022 年 2 月 6 日,笔者在白竹片村看到 FWZ 老师从市里扛了一大箱"燃香"回来,人们打开箱子拿出燃香放在火上烤,从大家熟练烤香的动作,可见他们对烤香以及参与舞香火龙的熟练程度,也充分说明燃香的材料几十年上百年尚无变化。(图 3.3)

(四)香火龙技术

2011 年,香火龙被列为国家级非物质文化遗产。2017 年,中央电视台《文明密码》栏目组来到南雄市对香火龙进行了全方位拍摄。2022 年,笔者受邀观察村民们扎香火龙。

图 3.3 扎龙前村民们集中烤香

1.扎制香火龙技术

村民们积极主动地梳理稻草,虽然天气很冷,但是似乎每个人都是有经验的熟手,懂得从稻草的根部刷向尖部,梳理掉杂碎的叶子,梳理出有长度和柔韧度的稻草,那些长度不够或者柔韧度不够的稻草则直接在禾场里烧掉。村民们扎制香火龙时并没有按照非物质文化遗产申报书上撰写的对稻草进行浸泡,对毛竹进行选择。可能村民们非常熟悉毛竹的生长周期以及不同年份竹子的软硬度,既便于折叠又有一定的硬度,既能支撑龙身舞动又能够做出龙头的形状。现在的扎龙技术与以前的扎龙技术相比,并无任何创新,人们不仅耳熟能详,而且动手能力极强,似乎个个都是能工巧匠,不过在场扎龙的还是以六七十岁的老年人为主。

因为天气冷、气温低,村民们一边梳理稻草,一边燃烧着不能用作扎龙的稻草用于取暖,整个过程未见统一的指挥者,每个人似乎都不用吩咐,都是自觉自愿的。

梳理完稻草后,有人喊了声"去砍竹子",三五个小伙子便自觉到后山上去砍毛竹,精选回来的都是 2~3 年生的成年毛竹。由于下着蒙蒙细雨,毛竹也未经浸泡,老人们直接在大门口进行削砍,仔细一看,砍削毛竹的居然都是老年人。在毛竹的长宽尺寸上,老人们凭着经验压根儿没拿尺子测量,无法知道公龙的长度是否是 9.9 米,母龙的长度是否是 9.8 米,龙的直径更是难以测量。

老人们有的削砍毛竹做成手握的撑杆,有的将竹片做成龙头的夹片,还有的将竹竿削得非常细用来支撑龙头的结构。在砍竹子的过程中,有年轻人带了现代装潢房子的工具用于钻孔,电动钻孔可能算得上是舞香火龙中的现代技术了。

扎制香火龙的准备工作花了将近整个上午。

2.扎草龙程序

有的村民在做饭,有的村民在烤火,还有的村民在敲锣打鼓,在场的每个人都干着自己擅长的工作,扮演着自己适合的角色,都是舞香火龙群体的一分子。吃完午饭,笔者不经意间才发现村里新选的三个传承人都在现场。

有的组织扎公龙,先编制龙头接口的部分,将绳子固定在一根竹竿上,再用绳子贯穿整条龙,意味着"血脉相承",一个人握住竖立的竹竿,一个人牵着龙绳,龙绳两边分别站上一个人。为了便于扎制稻草龙,旁边还有两三个传递稻草的人,大家分工协作,人多力量大。先着手扎公龙,然后组织一部分人扎母龙,总共花了两个多小时,公龙、母龙两条草龙完成雏形,有村民热心、主动地去安装龙头。每个人都在各行其是,参与其中,未明显感觉到指挥者是谁,现场似乎个个都是舞香火龙的主人,每个人都表现得积极主动。(图3.4)

图 3.4 编草龙

3.插香火龙

过去听村里人说,插香火龙会去庙里拜祭,结果大年初六阴雨绵绵,地湿路滑,香火龙被直接放在金狮水村的大门口。现任的省级非物质文化遗产传承人 ZXL 组织村民们先将草龙舞起来,在舞动过程中让草龙的松紧度适度,便于插香以及插香之后舞动自如,在场的男士积极主动地举起草龙舞了起来,沿着道场绕过几圈后将草龙放了下来,每条草龙身上都有撑杆,其实就是借助竹竿将其立于地上。从上午扎龙准备到下午草龙扎好,很多女人和孩子都围坐在火堆旁一边烤火一边烤香。晚饭后准备舞龙,男女老少不约而同地拿起燃香在大门口的一堆稻草火上点燃,自觉插在草龙身上,凭直觉想插在哪里就插哪里,插得匀称就好。没有人去数到底插了多少根,更没有限定多长时间插完,人们凭经验觉得插满龙身,且每个人都觉得已经尽到插香的义务,就褪去继续插香的热情,不再争先恐后去插香,与过去插香规定的燃香支数、插香时间等规定有所不同。插香仪式本身是一种祭祀仪式,同时也折射出古老的香薰蚊虫的朴素思想,希望通过舞香火龙的香薰驱除庄稼收割时的蚊虫灾害。(图 3.5)

图 3.5　插香

4.舞香火龙

舞香火龙的技术动作在改革开放后进行了创作与编排,在舞台上已经演了 30 多年。舞香火龙是表现人性美和传统美德的民间艺术,九个程式动作延续至今,包括脚下动作的"龙步""虾步""碎步""跳步",以及举龙左右晃动等。

二、制度文化

（一）组织机构由村组牵头

社会组织在过去很长一段时间内都被认为是广义的社会组织,党的十六届六中全会第一次提出了"社会组织"的科学概念,取代了"民间组织"的概念[①]。舞香火龙的社会组织自解放以来都是以村组牵头的方式进行的。白竹片村的香火龙组织自搬迁到百顺镇,均以宗族联手的形式进行。由于白竹片村的祖先并非名门望族,但是祖辈在此生息年限最短的有 150 多年,最长的有 300 多年,叶、傅、曾三个家族达成了对"舞香火龙"的共识。涂尔干在《宗教生活的基本形式》中提出:"社群通过对某些集体符号的崇拜达到崇拜社群自身的目的。"[②]而埃文思-普理查德认为宗教并非产生于社会结构,而是在于弄清楚人们互相间究竟以何种方式解释他们生存的世界的错综复杂。[③] 白竹片村虽然是以姓氏分居的三个村落组成,但是他们在乡村事务管理上,依然以各村小组为单位进行组织,村里的读书人在村里具有一定的威望。

1986 年,南雄市首次举行民间文艺汇演,百顺村组队参赛,主要由三个村小组组长牵头,搞得红红火火。村小组自农村联产责任制以后,其权威已无法与人民公社大集体时相提并论,白竹片村的村委既是政府权力的代言人,又是各自然村家族里比较有权威的人。自从农村土地制度改革实行家庭联产承包责任制以来,家族凝聚力开始回升,白竹片村的叶姓、曾姓与傅姓三个村小组各自推选出村民们心中的代表,具有一定的权威,组织起来也相对顺利,村民们配合得非常默契。

---

① 桂家友.迈向新时代与社会现代性加速成长[M].上海:上海人民出版社,2018.

② 爱弥儿·涂尔干.宗教生活的基本形式[M].渠东,汲喆,译.上海:上海人民出版社,2006.

③ E.E 埃文思-普里查德.阿赞德人的巫术、神谕和魔法[M].覃俐俐,译.北京:商务印书馆,2006.

舞香火龙主要是祈求风调雨顺、五谷丰登。从家族或者宗族组织过渡到村集体组织,村委会在乡村事务中起着基础性作用。这一点也得到了金狮水现任村长 YFQ 的认同,他说,"几个村委提前'通个气',比如说今年舞香火龙,那么在正月就会组织举行,一般来说都会选择正月初一开始,因为正月初一大家都会回来祭祖,这也算约定成俗"。村民会在节庆时拜祭祖先,表示崇敬,宗族血脉流淌在每个白竹片村村民的血管里,舞香火龙其实也是祖先传承下来的瑰宝。涂尔干曾经提出要学或透过象征符号来看待其表征赋予的符号意义。按照特纳的观点,仪式过程其实与其他相关事件及文化整体之间具有关联性。多数村民认为"都是大家一起搞""正月初一大家方便聚集,另外,你擅长干这个,他擅长干那个,大家都非常清楚"。"大家一起搞"是村民们挂在嘴边最多的话,村民们一直想证实在场的男性都是舞香火龙团队的成员。舞香火龙不是某个人的特权和专利,而是大家共同组织、共同参与,是集体智慧的结晶。当然村委组织舞香火龙,会提前请示市里非物质文化遗产中心,得到市里回复后才敢开展舞香火龙的活动。在正月初六之前,笔者曾问过村民,今年是否会舞香火龙,村民们回复说,"市文化馆没有通知,等市里通知再决定"。这说明舞香火龙现在不仅属于民间,而且归属市里重点保护,政府对乡村的管理网格化。

(二)经济制度捐款制

新中国成立后,经历了"土地改革""合作社经济"模式,1978 年十一届三中全会将工作重点从阶级斗争转移到经济建设中来之后,农村工作采用了"分田到户责任制",充分调动农民从事农业生产的积极性。舞香火龙在经历"文化大革命"之后随着"拨乱反正"得以恢复,1986 年至 2012 年,村民们主要采用集资的方式筹措资金。在调查过程中,村民们告诉笔者,"我们村组织舞香火龙都是有钱出钱,有力出力,大家特别团结,搞活动时每家每户做几个菜出来大家一起吃"。过去无论舞龙舞到谁家,他家都会赠送一些副食、烟之类的物品。正如《礼物》一文中所说的,礼物的核心要义在于它带有灵性,需要给予、接受与回馈。在这里,礼物通过舞香火龙的仪式呈现给神灵,神灵接收到这种舞龙仪式后,回馈给民众的是雨水的下放或者回收,与其他地方民俗体育活动的"礼物"流动有异曲同工之妙。

2006 年,《国家级非物质文化遗产保护与管理暂行办法》发布;2011 年,南雄市非物质文化遗产香火龙被列为第二批国家级非物质文化遗产,代表性传承人 FJG 被授予省级传承人称号,并给予一定的经济补助,但村小组成员们舞香火龙的积极性明显下降。在南雄市文化馆邀请组织活动,并拨付经费的情况下,村委会能够组织人员扎龙或者舞龙。一方面,行政部门要求村委会从属于行政部门的垂直管理,配合开展民间艺术活动,大力保护和传承非物质文化遗产活动;另一方面,由于传承人与村民之间的经济纠纷,白竹片村的舞香火龙活动已经停止舞动好几年了。纠纷产生后,经过村委会商讨,对传承人经费进行了权责划分,舞香火龙获得国家级非物质文化遗产称号,由此获得的传承经费,传承人拿出一定数额的经费组织活动,达不成共识就出现传承受挫的情况。前些年,珠江三角洲邀请村民去展演,整个舞香火龙队伍会获得一定的经济补助。有些未走出过大山的村民因为舞香火龙才第一次走出大山,对他们来说,舞香火龙带来的不仅是对神灵的"集体呈现",而成为经济利益的获得,以及仪式传播带给人们的盛宴。

传承经费起争议。2011 年,白竹片村香火龙被南雄市推送评为国家级第三届非物质文化遗产龙舞类项目,传承人 FJG 按照非物质文化遗产保护的相关规定获得一定经费补助。当这一消息在村里传开的时候,对于这个人均收入不到 3000 元的山区农村的农民来说,大家心里极为不平衡,甚至连前任老村长 YFY 都愤愤不平。他认为以前没有经费完全可以让村里在外经商赚了钱的人赞助,现在既然非物质文化遗产被评为国家级,传承人有经费,就应该把传承经费拿出来大家平分或者搞活动。而传承人一方却认为传承经费相当于南雄市非物质文化遗产中心支付给传承人的工资,工资按理是用来养家糊口的,怎么可能拿出来分给其他人呢? 这显然不符合常规。传承人不肯拿经费出来,其他村民觉得这经费抵得上甚至远远超过村里其他农民的务农收入,加之这不是某个人独有的技术,而是村民们都会扎龙和舞龙的技术,而且舞香火龙需要大家齐心协力合作进行,所以希望传承人拿出 70% 的经费用于舞香火龙,传承人可以领取 30% 作为补贴。传承经费由财政部门直接打在传承人账户上,拿到钱的人很难将到手的经费拿出来与大家共享,签订的协议很难执行,于是村民纷纷投诉,完全不顾历来几个村庄的友谊与情分。相关部门接收到投诉信之后,察觉到舞香火龙的集体性,不同于家族的单向传承,核实是三个村落的集体财富,于是停发了代表性传承人 FJG 的传承经费,造成传承人 FJG 三番五次向南雄市、韶关市乃至广东省相关部门投诉。

第四代传承人 FJG 及家人提及传承人经费,说文件中规定"任何人、任何单位都不应该截留、挪用传承人经费",认为村里人有眼红病,眼红他们家领了传承费,所以写信控告。与此同时,传承人感到非常冤枉,认为村民在扎龙遇到困难时,会请教他,但舞龙不让他参加,甚至还有相关工作人员直接说"不要你啦"。传承人的夫人 HSY 七十多岁了,曾经担任过乡村教师,能说会道,"不要我们参加可以,你让省里下通知,通知我不是传承人了我就不做了,现在没有通知,我就还是传承人"。传承人经费引起了第四代传承人 FJG 与其他村民之间的矛盾。

由于传承人的范围界定窄化了日常生活中舞香火龙的群体,将群体传承误定为个体传承,将原本和谐的村组关系打乱,抑或是人们随着市场经济的发展,本身就对金钱充满了欲望,谁能做好非遗传承人经费的裁判? 于是在村小组的牵头下,村里进行了第五代传承人的选举。三个村小组坐在一起商讨传承经费的事情,让推选出来的传承人盖章画押承担传承人的责任与义务。没想到第五代传承人中的一个传承人还是挪用了传承经费,这极大地伤害了村民的信任。在村民看来,过去谁家有红白喜事,三个村的人都会积极主动帮忙,比如谁家老人过世了,只要听到鞭炮声,大家都会过来帮忙,哪怕吵架了没有说话也会先来把活干了,但是由于几位传承人"挪用"传承经费的事情,村民互相之间亲密无间的信任已经褪色。

2022年,笔者亲历的舞香火龙活动,据说是传承人与村委资助相结合的形式,使舞香火龙的活动得以开展。第五代 ZXL 传承人一直感叹,"请帮忙呼吁让企业赞助一点经费,否则我们真搞不下去了"。事实上,继任的广东省省级传承人每年的传承经费是 2 万元,这次春节组织活动时他拿了 5000元出来,拿钱的这个传承人是村里比较有威望的人,也是第五代传承人三个代表中唯一的一个省级传承人,他不想因为钱毁了自己的身份与地位。

（三）活动规则

活动规则是指活动中必须遵守的基本准则,本书的活动规则是指参与人员、活动时间、活动要求和参与人。

1.参与人员

村民认为,本村村民都有舞香火龙的资格,按照老人们的说法,女人不可以参与舞龙。究其原因,是将女人流经血与不净之物结合起来了,所以禁止女人参与舞龙,其他事宜如烤香、做饭等活动允许女人参与。

2.活动时间

舞香火龙的活动时间限定在每年正月初一到正月十五。通常,正月初一村民们会回到村庄祭祖,然后以微信联系的方式商量扎龙、舞龙事宜,时间跨度比较大,具体时间大家协商。此外,如果镇里、市里有展演,随时都可以组织,活动时间上具有延展性和宽泛性,没有将其限定在具体日期,甚至可以突破季节,只要有人需要看舞香火龙,白竹片村的村民都可以举行舞龙活动。在田野调查中,YJH(访谈对象:白竹片村村委会干部,访谈地点:白竹片村,访谈时间:2022年2月6日)如是说,"舞香火龙现在除了春节期间在村里舞外,还会根据镇里、市里等相关部门需要,我们随时组织人员都可以去舞。2017年中央电视台《文明密码》栏目组来采风,村里就临时组织舞香火龙了。另外,每年南雄市非物质文化节,我们村扎的龙就摆放在展演现场,唤起百顺镇乃至南雄市人民的龙文化记忆"。听完讲述,笔者意识到作为国家级非物质文化遗产的香火龙需要突破原有的时空,否则难以活态传承,在保持"原生态"与传承之间确实会遭遇两难。

3.活动要求

注重活动仪式程序,也就是仪式中深层次的结构,人们在舞香火龙仪式中表达的形式在一定程度上揭示了群体的价值取向。笔者在展演现场观察到,村民们按照经年累月积攒的经验梳理稻草、砍毛竹、削毛竹、编草龙、扎草龙、插香火、舞龙等,一切动作技术都凭借着经验娴熟地进行。老年人娴熟地用手指仗量,或是眯缝着眼睛去测量,并没有严格遵守"插香时需6根为一组,公龙身上插1800根香,母龙身上插1600根香,总共插3400根香,需要16~18人同时插香,15分钟之内完成"的严格规定。男女老少争相去插香,通过这个仪式将自己与神灵、其他人交融,平时被社会生活边缘化的老年人在准备工作中积极踊跃,充当着主要角色,成为舞香火龙仪式性程序的领导,平时在外遨游四方、见多识广的年轻人只能心怀善意、虔诚地接受舞香火龙仪式过程中的身份降维,遵循活动呈现出的隐性规则,夹杂了许多年轻人的娱乐思想,削弱了严肃性。

4.参与人

全村村民均具备扎龙、舞龙和看龙的资格,但女性除外,女性一直没有资格舞龙,参与者中最重要的人是传承人。在推选传承人的过程中,最早是村里德高望重的人直接推举,推选了第四代传承人,但因为传承经费没有拿出来分给村民,村民们心中愤愤不平,不再要他参加舞香火龙的活动,有活动从来不通知他。这说明舞香火龙活动的组织者确实不是个人,而是群体。以前村民之间非常团结的局面被破坏,第四代传承人 FJG 认为,"他们逼我把传承经费拿出来是犯错误,是犯法"。他一方面认为传承经费应该归属自己所有,另一方面又承认传承人不是他培养的,而是村委推选的,一代传承人能够推选 4~5 个继承者,村民认为代际传承的谱系不同于家族传承的隐秘性,具有公开性,政府需要培养传承人,形成传承梯队。在传承人眼里,自己年岁已高,因为分传承费已经与村里人关系僵化,村民们不愿意他组织活动,就是跟他对着干,那么他自己也就不愿意传承龙文化知识给年轻一代的村民。比如请龙、奉香,他认为现在的舞龙仪式没有传承传统仪式,具体表现为敲锣打鼓没有按照规矩都是瞎胡闹,打五下、三下、九下就停止了,其实敲锣打鼓讲究节奏,还需要送龙、化龙,争先恐后要燃香,伴随着燃放鞭炮,村民们聚集吃饭喝酒,最后还需要到村外面去舞龙,山观庙宇都需要拜祭和奉行。在 FJG 的眼中,村小组不尊重传承人,传承人得不到尊重,村民们很难在舞香火龙过程中服从,那么老一代传承人很难带新一代传承人把香火龙舞好、传承好。他讲述了关于舞香火龙的故事:因为传承经费,村小组负责人故意每次都不叫他,一次去南雄市闹元宵,一次去珠玑巷展演,还有一次是中央电视台来采风,三次都不通知他,所以这三次他们都舞得很失败。观看的群众说,"哎呀,今年舞的不是龙,是蛇"。FJG 一脸惆怅地说:"他们以为掌握了扎香火龙和舞香火龙技术,不要我参加,但我不说打龙的秘密。"在传承人 FJG 的眼里,他自信确实掌握一些打龙的秘诀,说起第一次去韶关演出,韶关文化馆的馆长说:"老师傅啊,今年 36 个节目,掌声最响的就是你们的啊。"他还说起去广东欢乐节的时候,观众都说第一次看到广东最古老的节目。这些夸奖的话语让 FJG 记忆犹新,认为自己是名副其实、不应该被取代和忽略的重要参与者。

其实几个村寨的人都说村民之间的关系非常亲近,但因为传承经费这件事情牵连进来的很多村民之间或多或少存在着间隙。当笔者找到金狮水村原村长 YFY 时,他认为,"这几年因为传承人的传承经费问题,大家热情减退,闹了些意见,有两三年都没有怎么打龙了"。笔者问:"传承人经费不就是应该给传承人的吗?"他说:"传承人拿这个钱应该用来传承的。工资确实应该属于个人,但是传承活动需要传承人组织啊,扎龙,传承人肯定应该支付费用,如果传承人一个人一年拿两三万元经费,其他参与者一分钱都没有,哪个村民心理会平衡? 谁还会参与呢? 龙不是一个人扎好的,打龙不是一个人能扎出来和舞动的。比如瑶族的刺绣,我去参观过,也是国家级非物质文化遗产,传承人绣的那个衣服很漂亮,人家就是一家人组织参与和传承的,就是靠家里的老奶奶传承。但舞香火龙不同,它是齐聚多人参与,从舞龙珠到舞龙身,还有鼓锣队,合起来几十人,传承人一个人领传承经费肯定不合适"。很明显,金狮水村原村长认为舞香火龙是集体项目,传承人代表不应该落在某个人身上,一个人的力量是很难撑起传承了一百多年、需要多人合作的香火龙的。

因为传承经费的问题,参与舞香火龙的村民的参与热情明显降低。这种说法值得论证,客观上讲,年轻人外出打工,城市创业、大城市买房,不愿意再回到这个"空心村",年老的人跟随子女在城镇去住,这些都造成了舞香火龙后继无人的现象。村干部与村民一致认为传承人的传承经费发放不合理,参与者的减少与传承人的经费有关系,他们忽略了乡村"空心化"的社会发展现实,夸大了传承经费造成舞香火龙热情渐退的事实。

三、精神文化

(一)信仰

人们相信雨水和旱涝都由"龙神"主宰,中国农业的命脉靠水,龙受到普遍崇拜,龙神有着显赫地位,从江西迁徙到白竹片村的先祖们将中国大地上广为流传的"龙舞"根据地理环境进行了创新。如果说舞龙过去是为了驱除蝗虫，与农业社会自然环境有关，那么自从20世纪80年代重返文艺舞台，现在每年春节参与展演，很大程度上已经"祛魅"。人们有时会拿着香朝着庙宇方向或祠堂朝拜，祈求神灵对自身、家庭的保佑和庇护。在调研过程中，问起是否所有的村民都到了现场，其中一位传承人告诉笔者，"有个人因为生日与龙相冲，所以他今天不能来现场"。老年人相信"天干地支""二十四节气"，相信最古朴的农耕思想，但是年轻人的思想着重于使农村春节期间的气氛热闹，凝聚村民的情感。来参加舞香火龙仪式的人员中有三位大学生，他们也参与敲锣打鼓、扎龙、舞龙等活动，问起舞香火龙的禁忌或具体流程，他们表示完全不懂。

（二）仪式

1.扎龙仪式[①]

白竹片村的扎龙仪式一直沿用传统的仪式流程。白竹片村村民认为，通过舞香火龙仪式，神灵会保护村寨的安康，始终按照这种程序，表明始终忠于祖先。各小村村长负责组织，召集全村人大年初一先拜祖先，燃放鞭炮，鞭炮声响彻云霄。村民们集中在一起，先梳理稻草，所有人精选稻草，不再经过浸泡与晒干这样繁杂的流程，选择2~3年的成年毛竹;因为要考虑用毛竹做撑杆或龙头所用，精选毛竹意义重大，不过参与砍毛竹的都是有经验的老年人，他们在日积月累的生活实践过程中已经对毛竹的特点非常了解。老年人砍削竹子，让竹子成为撑杆和组成龙头的部分，扎龙要从龙头开始，编扎龙身，顺势扎龙尾，逐渐变细。扎龙的讲究，除了从头到尾，从粗到细，还遵循"公龙长，母龙短"的传统。

---

① 李楠.民间生肖文化传播的当代意义[J].现代传播（中国传媒大学学报），2013,35（6）：151-152.

2.舞龙仪式

随着时代发展,人们对舞龙的期盼在程式上不再老套,更加注重热闹、欢庆,着重讲究将龙舞起来闪耀出似"龙"翻滚的火焰,惟妙惟肖、流光闪耀、绚丽多彩,在程式上沿袭拜四方的流程。

舞香火龙仪式其实是一种集音乐鼓点、信息及象征为一体的仪式程序,是一种集神灵信仰、中华智慧、健身娱乐为一体的民俗体育活动。其中,龙神信仰以及敬天孝法构成整个龙文化仪式的支撑体系,春节期间庙宇、祠堂与村民稻场构成了天、地、人和谐统一的传统思想。作为一种社会实践活动,从礼物文化来看,舞龙仪式是对龙神、大自然、祖先进行礼物馈赠,通过参与舞香火龙的仪式,能够使村落里的参与者加深情感交流,唤起集体记忆,产生情感共鸣。

第四章

粤北民俗体育龙文化濒临灭绝的发展历程

粤北地区较为典型的舞九十九节龙和舞板凳龙濒临灭绝。首先，九十九节龙所在的叟里元村，位于南雄市珠玑镇西南部，全村地貌以丘陵为主，叟里元村浸润了古人崇尚福、禄、寿的思想，反映了人们求长寿的朴素心理。该村曾经盛行的舞九十九节龙也是村风民俗的典型代表。板凳龙所在的新田村，在汉族南迁史上具有重要的历史地位，以一个自然村为行政村，建筑以明末清初的比较多，主要由民居、池塘、书院、阁楼、寺庙、古井以及牌门等构成，具有非常浓郁的客家民居特色。其坐落于浈江河南岸，其他三面环江，是经济优越的古村落。

第一节 传统时期

一、物质环境变化迅速

（一）九十九节龙

叟里元村是同姓聚居成片的居住格局。该行政村以相同宗族、姓氏、语言和习俗进行住宅布局。从最初建村的布局来看，每个自然村选址都是依山傍水，三面靠山，村庄后面的山稍微高一点，整个村落呈"凹"字形，祠堂建在村中心的位置，各村建有分祠堂，纪念建村者。除了举办重大活动外，祠堂还是村民平时聚会和议事的地方,这种格局称得上"一井一厅一龛"①。

1.九十九节龙的器材

龙的器材形式多样,大多首先与自然环境相关。龙按照道具可分为龙灯(又名火龙、烛龙)、布龙、草龙、百叶龙、板凳龙、纸龙;按照节数可以分为三节、七节、九节。早在周朝时期,叟里元村的祖先就齐心协力制作了九十九节龙。

龙架的工艺制作非常讲究,主要材料是用木材和苗竹。这些材料都是请村民在深山里面寻找老质竹木,用石灰水作防腐处理,由木工师傅制成木方、竹工师傅制成竹片,做成龙架,再由会扎制龙头的老师傅用布料、纸质、白胶、铁丝、颜料等材料编制龙头。其制作过程第一步是用铁丝扎紧龙头每个交接处;第二步用白胶粘纸、粘布;第三步用彩色颜料上色绘图,每个部位绘制的色彩不同,一条精雕细琢、栩栩如生的巨龙便呈现在眼前。龙嘴张大,但不能太大,太大不能体现温顺慈爱的感觉;龙眼不比狮眼,龙的眼睛要明亮;龙的耳朵不能过大,要遵循它的倍比;周围的麒麟要制作出老龙王的模样,长出老麒牯;龙王的两根鬓须特别长,龙须又长又粗又尖又有分角;龙嘴里含有一颗圆珠,龙头上顶着一个圆镜,周围还有很多小圆镜。每个部分的边都镶有金边,有金黄色的,有全白色的,龙头、龙尾共粘有九十九朵长寿之花,龙嘴里面全是红色,龙头用五种颜色绘制而成,其中金黄色、金白色起反光作用,增强光彩绚丽的效果,龙布颜色用金粉、金白反光粉两种颜色做配料,每个部位都有一定的尺寸,共有九十九节之多。

2.庙宇

庙宇曾于特殊时期毁于一旦。2008年4月30日早晨,珠玑镇叟里元村

---

① 田丰,林有能.岭南风物[M].广州:暨南大学出版社,2014.

挖掘出一块古庵匾额,"巨龙古庵"四个阴刻楷体大字清晰可见。匾额题款处刻着宣统二年(1910年)岁次庚戌冬月吉旦立。落款处刻着:"沐恩"龚道伟、温庆宜、胡祖恩、饶宗圣、胡祖霖、徐敦义、饶裕珍、胡宗明敬酬。"庵"通常指小庙,多为尼姑(即女性修行者)所居的寺庙。据当地老人讲:珠玑镇叟里元村的"巨龙古庵"过去是专门用来存放九十九节巨龙的地方,为存放"舞龙"而设立古庵,这在全国都极为罕见。此外,笔者在另一个地方见到了一块"重修巨龙庵碑记"的匾额,"巨龙古庵"额匾的挖出对于研究当地的历史文化具有重要作用,这是九十九节龙重要的遗物和遗址。

3.舞九十九节龙的方式

舞九十九节龙需参与的人数众多,舞动九十九节龙,同时还配有康王菩萨游全村,队伍长,人数多。舞动动作难以出现花样,以巡游为主。[①]

(二)板凳龙

板凳龙是南雄市级非遗项目,当地民众又称之为"桥板灯",始于清代,是一种和亲睦邻的文明活动,其活动范围以南雄市乌迳镇为中心,辐射附近的乡镇,以新田村为主,新田村地处南雄市东北部30公里处的乌迳镇,乌迳镇新田村的板凳龙与姓氏节联系在一起。

1.新田村的居住格局

新田村的古民居以"九井十八厅"最有特色,其厅、井布局非常讲究科学合理,各厅都自有功能,上厅用来供祭祀、族长议事;中厅用来接待官员议事;偏厅用来接客会友;楼厅用来藏书课子;厢房的横屋用来起居炊沐,整个九井十八厅用来家族聚集,集政、经、居、教为一体。其设计构思秉承了"先后有序,主次有别"的传统观念,纵主横次,将厅屋、厢房配套,主体、附房分

---

① 许志新,刘清生.珠玑文化丛书:千年雄州[M].广州:广州出版社,2011.

离,既通风,又有较好的采光和卫生排水系统,甚至连子孙的发展规划都纳入其中。这种住宅格局继承了中原的宗族府邸式的建筑风格,沿着中轴线两边展开,层层递进,左右布局对称,可以容纳家族成员上百人居住。这种九井十八厅的格局建于明清时代,主要是宦官或者大户人家所建,据熟知当地历史文化的 SRJ 老师介绍,这种建筑规模在南雄市共 9 座,新田村占了 6座。这种建筑格局助力板凳龙激发不同层级的人参与与观赏的热情。

2.舞板凳龙的地点

舞板凳龙的地点在村民眼里有两种说法。一说是乌迳周边乡镇,没有具体村名。舞板凳龙主要是在乌迳镇和附近的乡镇如油山、坪田、黄坑、南亩等乡村,一般一天游拜 1~2 个村庄,不分姓氏,白天不巡游,只在夜间表演。舞板凳龙过程中,龙身花盆中的蜡烛都会点燃,点着灯的板凳龙顿时成为一条绚丽多彩、活灵活现的神龙,行游在村里的各家各户中。远远望去,板凳龙身上那长长的五彩花灯在乡村的夜里,璀璨绽放,更加光彩夺目。每到一个村庄,板凳龙表演队的主持人(或长辈)会给所到村庄的长辈赠送拜年帖和金花,以行预告和拜会之礼。二说是新田村。新田村延续着每年抬着开基祖像巡游的传统。十一世李金马被称为中兴之祖,这里是诗书世家,至清末共产生了进士、国学、太学、贡生等 300 多人,九品以上的职官有 40 多人。新田村甚至被称为"先有新田李,后有浈昌县"。新田村原有古祠堂 40多座,是全国最多古祠堂的村落,现如今依然保存得很多的是明清祠堂,有永澄祠(叙伦堂)、水洁祠(爱敬堂)、玉鉴祠(有政堂)、玉琢祠(继述堂)、玉珊祠、元滔祠、西川公祠(孝思祠)和厚培祠(作述堂)等 8 座。新田村原有临水寺、琉璃寺、果深寺、莲山庵和金龙山李佛庵等 5 座寺庙,每次舞板凳龙会先在永澄祠等祠堂进行。

3.舞板凳龙的器材与技术

板凳龙的器材,说法有二:一是主要采用 36 块杉木连接节,每块杉木长约 6 尺①,宽约 1 尺,连接处可以轻松转动,板凳龙在舞动转弯灯活动时运用自如。板凳龙的龙头和龙尾用竹篾扎制,用绸布装扮。在龙身制作方面,则进行了巧妙的装扮,每块杉板上都摆放着三个花盆,这些花盆用竹篾扎制,并用各种色纸糊好,盆里插上各种纸花和蜡烛。二是采用长板凳,在一条家用普通花条板凳上装饰彩龙,可扎彩绘或者木刻,可以供两人至三人玩耍。一人玩时,两手分别握住板凳的前后腿;两人玩时,一人两手执前两腿,另一人双手执后两腿;三人玩时,前面两人各以侧手执一腿,后面的一个人双手执后腿,舞动时合着套路鼓点,有韵律、有节奏地舞出各种花样,另外一人举宝珠引龙行进,数人协调行动,节节相随,时起时落,穿来摆去。板凳龙的动作有“二龙抢珠”“黄龙穿花”“二珠戏水”“金蝉脱壳”“黄龙盘身”等花样。据村里九十多岁的李爷爷(访谈地点:新田村村委会)讲,他小时候舞的板凳龙在板凳上系上彩带就可以舞动,道具非常简单,完全采用日常生活中的板凳做成。李爷爷告诉笔者,“我在新中国成立前就去当兵了,解放后还写信回家问家里舞了板凳龙没有,小时候每逢春节就喜欢看舞板凳龙”。从老人家的讲述中,明显感觉到他对板凳龙的文化记忆。

二、制度文化

制度是一系列规则构成的体系。粤北民族地区形成了一些特有的规范,维系社会、社区的稳定发展。本书所指的制度文化主要是指组织结构、经济制度和活动规则等几个方面。

---

① 1 尺 ≈33.33 厘米。

（一）舞九十九节龙

1. 组织结构

叟里元村姓氏宗族多，政府尽可能将同姓的编为一组，宗族族长担任保甲首脑，宗族首领充分利用官府赋予的权力，实行对乡村的控制。从法律规范的视角来看，当时的社会民俗体育龙文化本身承载着一定的调解事务纠纷的法律职责。舞九十九节龙以一定的乡规民俗调控着村民的行为规范，对缓解村落事务中的冲突和矛盾，具有维护共同秩序的重要作用。

2. 经济制度

九十九节龙民间艺术联合会黄会长介绍，"当时古庵的经费由三个方面筹集：一是官府拨给库银；二是当时的外商捐款；三是当地士绅发起的群众捐款"。由于文献资料缺少，很难考证真假。但是从现有遗存的牌匾来看，捐赠还是占据主要成分。笔者在叟里元村调研时，发现两块关于"巨龙"的牌匾，上面很清晰地镌刻着重修字样，以及捐献银卷的人名和数量，石匾的开头写明了"沐恩"。这充分证明过去舞九十九节龙的经费来源于各村各姓的募捐以及各姓中出人头地的人的个人所捐。

3. 活动规则

每年农历七月初七，叟里元村组织舞巨龙的活动。一般农历七月初五开始，村里的各姓绅士开始筹备活动事项。九十九节龙安放在巨龙古庵，不像其他龙需要舞完就"化掉"。黄会长介绍，九十九节龙的制作对龙身的长度、节数、不同部位的制作材料和工艺规格做出了严格规定。

4. 参与人员

相传叟里元村属于珠玑古巷，珠玑古巷在历史上多次迁移，所以人员众多,参与者也是各门各姓都有,充分印证了珠玑古巷的历史。

(二)舞板凳龙

1.组织结构

新田村是李氏宗族的聚集地,南雄地方志曾将新田村称为"中原南迁第一村",李氏宗族在这里繁衍生息,发展壮大,建起了 40 多座祠堂、多座古庙,是诗书世家。这里的板凳龙由宗族来组织,建有"李氏宗祠会",所有事务由宗祠会成员协商解决。

2.经济制度

板凳龙过去依附于姓氏节举行,经济来源主要靠寺庙僧田,明代二十二世祖永澄、永洁二公就曾经义捐稻田 100 亩作为和尚生活的"和尚田"。经济来源决定着民俗体育龙文化发展的规模与速度。

3.活动规则

舞板凳龙年代久远,但自从新中国成立后村里就没有再组织过,它依附于姓氏节存在,有抬祖宗神像巡游,与龙狮结伴而行,浩浩荡荡几百人参与。村里九十多岁的李爷爷介绍,新中国成立前看大人们玩过板凳龙。当时舞板凳龙只需在板凳上系上彩带就可以舞动,道具非常简单,直接用板凳装饰而成。板凳因时代变迁发生了很大变化,过去司空见惯的板凳龙随着人口众多的传统大家庭逐渐转变成人口较少的核心家庭,板凳演变成坐凳,过去的长板凳、短板凳已经不太适应于现代家庭,逐渐从日常生活中退出。

三、精神文化

（一）九十九节龙

1.仪式

农历七月初七早上八点,第一枚炮响了,村里各姓氏各宗祠的人把自己的龙狮、凤、虾等都集中到巨龙古庵。当时约定俗成的是以先来后到为序排列龙狮(先到为头,依次排列,其实很多人都会提前到达);第二枚炮响了,把菩萨请出庵门;第三炮响了,龙狮队出发。排在最前面的是康王菩萨,排在第二的是九十九节巨龙,排在第三的是十八堂故事,之后是各门各姓的龙狮依次跟从,到各个自然村及各门各姓中去游神,游到各大门都要停下来。首先放下康王菩萨,让各宗族、各姓氏的人敬香火,燃放鞭炮,接着在各门的门坪里舞龙狮,以敬各姓氏的祖神,依次前行。这样一直闹到下午五六点钟才结束,舞龙狮队的人的午饭是专门由十几个人挑着的饼干专供,每人都发一包饼干(这些饼干是由庵里即"活动筹备组"提供的),茶水由各门供应。到了农历七月初八,各门各姓的龙狮集中到老禾场,在那里演练舞技。下午举行菩萨上座和巨龙的安放仪式,还有八台故事,等待出神。农历七月初七这一天除了舞龙、扛菩萨外,还有八台故事(飘色唐僧、孙悟空、猪八戒、观音娘娘、七仙女、牛郎等)、小龙(九节龙)二纸、狮头二十个、狮子二纸等。这一天上午十点左右,菩萨、龙出游,全村各姓的龙狮、凤等也游至下午四五点结束,外来村里做客的亲戚朋友达千人之多。龙狮出游时,数千人都随行观看,前呼后拥、锣鼓喧天、鞭炮震地、香烟缭绕、热闹非凡,热闹程度超过大年。农历七月初八,还要到老禾场活动一个上午,要表演、练武,排"天下太平"四个字。

2.信仰

九十九节龙从制作上体现了"长长久久,健康长寿"等祈福的意思,主要用于娱神,其实也是凝聚多个宗族的村落,让所谓的九十九节龙即众多民众齐心聚力。

(二)板凳龙

1.崇敬祖先

板凳龙,在以乌迳镇为中心的周边村庄盛行。新田村盛行,很大程度上因为新田村历史上出现的官宦家庭多。一般举行大型的活动,需要相当大的财力与物力支撑。新田村村史记载,新田李氏开基始祖李耿为西晋愍帝时期的大常卿,因国事庭争,触怒愍帝,左迁始新郡曲江令。十一世中兴之祖李金马,开南雄人文之首,举贤良方正,直言极谏科,累官户部侍郎、金紫光禄大夫。

2.祖宗信仰和道教文化

舞板凳龙的信仰主要有二:其一,李氏是从中原南迁,延续了中原对龙神文化的信仰;其二,李耿公为客家鼻祖,自公元 315 年秋入粤后,弃官隐居新溪岸边,肆志图书,寄情诗酒,其后裔子孙繁衍,人文蔚起,族望一方。

新田村村史记载,韩愈为户部侍郎李金马书匾额"政平九赋"四个大字赠之。姓氏节以祭祖为主,板凳龙成为祭祖的依托与象征符号,寄托与表达了对李氏祖辈的崇敬之情,新田村的建筑充分展示了"道教信仰""等级观念"。

对古村落颇有研究的学者的研究成果显示了新田村浓厚的历史文化底蕴,从村落古建筑可以看出新田村落的"道教"信仰,无论是房屋的建造"聚四方财"还是"泰山石敢当"上面是否雕刻"八卦"图,都可以发现有钱、有身份地位的人才有资格在上面刻"八卦",彰显着传统社会严苛的等级观念。

第二节　漫长的停滞阶段

一、社会背景

粤北地区地处粤湘赣交会处,向来是兵家必争之地,是中国历史上红色革命的根据地,毛泽东、朱德等老一辈革命家纷纷驻扎粤北,主要是南雄地区。1947 年,战争让巨龙古庵变成残垣断壁,新田村更是红军打响第一枪的地方;1959—1961 年,全国无一幸免受到大自然灾害的肆虐,农作物损失惨重,农民食不果腹;1962—1978 年,社会文化活动处于停滞状态;1980 年以后,恢复民间艺术文化活动;1992 年以后,民间艺术文化活动逐步走向市场;2003 年,联合国教科文组织发起"保护多样性文化"的倡议;2005 年,国务院办公厅发布《关于加强我国非物质文化遗产保护工作的意见》。

二、文化变迁

(一)物质文化变迁

文化变迁具有纵横两方面,是绝对的、永恒的,包括激进的突变,也包括渐进的变迁过程①。1947 年,战争摧毁了巨龙古庵,安放九十九节龙的巨龙古庵这个物质基础被破坏,摧毁了龙文化载体中的物质要素和非物质要素。龙文化本身以及仪式过程都是符号象征系统,深刻反映了留存在人们心中的"文化认同与适应"。

---

① 林越英.旅游人类学讲义[M].北京:旅游教育出版社,2019.

（二）制度文化变迁

新中国成立后,为了提高生产力,全国开始改革农村制度,实行集体生产。1979 年后,粤北叟里元村也开始实行联产责任制。农村经济组织从家庭转向集体经济,再转向联产责任制,人们的思想也随之转变,一切以"经济建设"为中心,舞九十九节龙和舞板凳龙都失去了组织机构。

（三）精神文化变迁

结构功能理论认为,事物的结构与功能互相依存,一定的结构蕴含着一定的功能,换句话说,结构是功能的外在形式,功能是形式的潜在内涵,要想功能得到真正释放,最终依赖事物的外在形式或条件[1]。巨龙古庵被摧毁,多宗族聚集才能举办的九十九节龙的信仰逐渐淡出。

民俗体育竭尽所能进行身体技能展示以最大限度获得外部自然界的认可,从而保佑自己以及族群生存安康。民俗体育龙文化从自然环境视角来看,生活在新田村的居民创造了板凳龙,生活在叟里元村的居民创造了九十九节龙。人的生存以其自然环境为基础,追求自我健康和身体技能发展,本质上都是为了适应自然环境和进行自我生存与生命的调节。从政治经济角度来说,舞九十九节龙是为了凝聚力量,让同宗同族的人具有"共同的龙神信仰";从宗教信仰的角度来看,叟里元村的民众为了借助宗教仪式慰藉心灵,渴望生命长久的精神信仰由于一系列特殊事件惨遭破坏[2]。

舞九十九节龙活动已经停滞了几十年,与之相随的扛菩萨、装故事、舞狮头等活动也未开展。新中国成立后,人民生活水平不断提高,特别是改革开放后,人民生活水平提高得更迅速,但是每年的农历七月初七,叟里元村

---

① 黄建雄.转型与提升:地方本科院校教师队伍结构优化研究[M].武汉:华中师范大学出版社,2017.
② 王敬浩,周爱光.民俗体育对身体和谐的建构:谈民俗体育的发展逻辑及其现代道路[J].武汉体育学院学报,2008(10):15-19.

的村民总会感觉村里冷冷清清、没有生机,他们盼着重新舞九十九节龙,表演装故事以及打狮头、九节小龙、狮子、凤等文艺节目,像以前那样热热闹闹地过"七月七日节"。

三、原因分析

组织结构是指组织内部的构成要素以及它们之间相关的形态,一般是指组织的架构体系。通常来说,选择组织结构的形式对于充分发挥组织的职能作用,具有非常重要的意义[①]。从战争摧毁到"文化大革命",再到社会转型,农村人口涌进城市,村里因为青壮年劳动力减少难以组织人口众多的民俗体育活动,舞九十九节龙以及舞板凳龙等活动最终因为失去生命力几乎消亡,成为民俗体育龙文化传播过程中的另类景象。

第三节　重现舞台期

民俗体育受到西方体育文化的肆虐,被挤压到现代化快车道的边缘,生存状态堪忧,在国家大力提倡保护非物质文化遗产的过程中,有些属于非物质文化遗产,能够得到一定程度的保护,有些受保护的级别不够,关注度不高,即便被评为市级、县级非物质文化遗产,同样存在着生存危机。在国家大力提倡保护古村落以及保护传统文化的背景下,有志之士努力恢复传统体育龙文化,唤起民众的记忆。

---

① 黄建雄.转型与提升:地方本科院校教师队伍结构优化研究[M].武汉:华中师范大学出版社,2017.

一、九十九节龙重现

1.焕然一新的住宅格局

整个叟里元村有 738 户住户,总人口 3182 人,行政村采用党支部管理,下设 3 个党支部,有共产党员 67 人。叟里元村的住房格局已经焕然一新,村民在宅基地上建起了宜居的住房,每家每户根据自己的经济实力和个人喜好建造出适合自家风格的住房,完全改变了传统的住房格局。在黄会长家,笔者真切感受到他家对龙的喜爱,甚至在自己的房屋建造上将龙塑造在大门柱上,塑造了两条盘龙,在自家的养鸭池围栏上镶嵌着龙,以保佑自己一切平安。村庄里的楼房焕然一新,新建楼房背后建有一个偌大的广场,广场上竖立着一块醒目的"九十九节龙捐资"纪念碑。再往前几步,有一块空场地,场地边上有几间房子,据说是摆放九十九节龙的场所。这块场地据说以前是由巨龙古庵改建成的学校,后来因学校合并已被闲置、废弃。整个村大多数人家的房屋经新修或者翻修焕然一新,尽管村里有 59 户 123 人刚刚脱贫。

2.模仿的九十九节龙器材

九十九节龙大约在 2009 年之后才复兴。器材是按照人们记忆中的模样制作出来的。比如用木头、篾片、铁丝等扎成龙的骨架,专门定制龙头,塑造出龙是"集合体"的形象:头大显宽厚,眼大似灯笼,嘴大笑颜开,牙锋似尖刀,胡须长又密。九十九节龙的器材装了满满一屋,光是把这些器材整理出来都需要大量的人力、物力,且不说舞动这些器材了。由于经费花费巨大,器材很难创新。

庙宇是表达民间信仰的场所,巨龙古庵的遗址遗迹尚存。巨龙古庵被战争摧毁,其场所后改建成学校,现在建成村民们休闲健身娱乐的广场。庙

图 4.1　九十九节龙龙架与龙布

宇对于叟里元村民们与其说是祭祀周康王或者风雨神灵,不如说是为了愉悦身心,强身健体,凝聚人心的场所。舞九十九节龙的场所以巨龙古庵(现在的健身广场)为起点,抬上八堂"飘色"康王形象巡游整个村庄。九十九节龙自新中国成立之后没有舞过,随着热心人士成立九十九节龙民间艺术联合会,九十九节龙重返舞台,曾被邀请到佛山去表演。由于需要的人数多,耗资较大,一般活动不敢请九十九节龙去展演,加之青壮年外出打工,很难凑齐这么多人来舞龙。(图 4.1)

3.技术上无进步

奥本格在《社会变迁》中指出:社会变迁的实质是文化变迁,技术是物质文化发展的社会力量,也是社会变迁的主要原因①。舞九十九节龙由于人数众多,没法组织统一训练,技术动作单一,九十九节龙文化对于技术发明具有滞后性和基础性的支撑作用,与日益发展的现代文化明显不相适应。

4.组织结构上,管理网格化

2020 年 6 月 12 日,笔者第二次到达叟里元村,想进一步深入访谈村里

---

① 葛玉海,曹志平.技术基础主义研究[M].厦门:厦门大学出版社,2020.

的长者,通过村委会公告栏提供的信息得知情况。村委会公告栏上张贴着叟里元村基本情况介绍。截至 2019 年,实现 59 户 123 人脱贫,55 人就业,完成危房改造 42 户,还成立了珠玑镇叟里元村村委会自然生态环境网格化管理工作组织架构。

由于九十九节龙涉及的人数众多,经费开支不小,纯粹的民间组织很难组织,官方组织同样存在难度,所以新中国成立之后,九十九节龙仅开展过一次活动。南雄市文化馆相关工作人员表示:"九十九节龙靠政府来引导太难了,基本上不可能,因为参与的人数太多,一次活动让他们组织人员进行彩排需要的劳务费可能都超过了组织一次活动的总预算,政府公共经费难以承担,民间组织更是难以组织、统筹这么庞大的活动。"民间组织与基层地方政府都感受到组织大型民间活动的经济压力。毕竟,南雄市非物质文化遗产异常丰富,保护起来政府财力难以支撑,这是地方政府面临的现实困境。

5.经济制度以捐为主

开展舞九十九节龙活动主要靠捐款。叟里元村共有 23 个姓,3000 多人,农历七月初七举办活动村里的人都会想办法回来。舞九十九节龙需要的人数多,开销大,珠江三角洲曾经有公司请九十九节龙去展演,一次开销至少需花十万元,很难有公司愿意花这么多钱邀请九十九节龙参加活动。另外,南雄市非遗中心相关负责人谈起九十九节龙时表示,"基本上不安排九十九节龙展演,因为行政事业单位的经费也非常有限,如果要求他们来展演,一个项目的经费花销过大,会严重超过预算"。于是每年市里组织非物质文化展演节基本上不安排九十九节龙参加。

6.龙神信仰与长寿期盼

九十九节龙中的九,预示着"长长久久",九十九节龙长度为 399 米,分为九十九节,以"叟"为主题。中国古代诗词如《九歌》《九辩》等中的九都表示极数,"九"属于阳之极,有甚多的意思。在走访中,笔者访谈了叟里元里的老人,村里89岁的老先生FCM(访谈对象:参与过舞九十九节龙,访谈地方:叟里元村)介绍:我曾经舞过两次龙,叟里元村的巨龙在制作程序上、工艺上均与民间普遍流传的小龙不一样,它从龙头开始制作,整个布局独具特色。其制作尺寸、大小与效果都有特殊含义,龙头的设计既体现了叟里元村人对龙的无比敬仰,心怀龙王形象;又体现了叟里元村长寿的人多,村民们聪明、勤劳朴实、善良淳朴、不屈不挠、奋发向上、和谐共处的大村形象。所以,制作巨龙时的大小、尺寸都有它的独特价值,人们对龙神充满敬仰,同时盼望着长寿。

7.民族兴旺以及对美好生活的向往

九十九节龙长399米,九十九节,还伴随着其他龙狮,整体看起来气势雄浑,高大奔腾,虽然很重,但是舞龙者仍很灵活。巨龙需要几百名青壮年参与舞动,统一身穿一套黄色服装,腰间系一条红色腰带,与龙身的颜色相符。舞龙者上身基本上藏进了龙身里面,远看恰似一条真龙,舞龙者手舞龙把,上下起伏,左右挥舞,表演城门阵、石四门缠住、摆出祝福话语的文字等,参加者个个体力强健、动作灵活、技艺高超,大有巨龙奔腾之势、蜿蜒起伏,给人以勇猛之威,龙王之相。巨龙左右前后配有四条小龙狮子,还有八台故事、凤凰、鱼虾、灯笼等项目,在锣鼓、铜锣、镲、唢呐等吹打乐器的伴奏下翩翩起舞、热闹非凡,给人欢乐祥和的节日气氛,展现了叟里元村独特的乡土气息,更体现了叟里元村的村民们勤劳朴实、团结进取、艰苦创业、和谐安康等。舞九十九节龙呈现出人丁兴旺,亦即民族兴旺,人的寿命长长久久,幸福永长,即对美好生活的向往。

8.仪式流程

新中国成立后,舞九十九节龙只举办了一次。其遵照的仪式流程按照黄会长指挥,村、镇各部门互相协调,首先,政府工作人员代表讲话,讲明开展活动的意义;其次,宣布九十九节龙活动开始;再次,村民与领导、前来赞助的企业家或乡绅合影;最后,从过去安放九十九节龙的庙宇原址(巨龙古庵)举行"请神"活动,请神过程中燃放鞭炮、敲锣打鼓,祷告神灵。请完神,安装九十九节巨龙,还要配合其他的八台故事,在巨龙古庵上举行巡游活动的仪式。九十九节龙引领其他活动先到村委会门前进行展演,然后沿着村庄朝着九十九节龙传说产生的"狮子岭"巡游。中途有人累了会由事先安排的村民替换。九十九节龙巡游在山间异常壮观。巡游一圈后,回到巨龙古庵处遗留的屋子里按照从头到尾的顺序将龙放好。

9.精神信仰

精神信仰通常会折射在行为方式上。在与黄会长的交流过程中,笔者注意到他的茶具居然是复古陶瓷茶杯,杯上写着毛主席语录和诗词,如"江山如此多娇""数风流人物还看今朝""世上无难事,只要肯登攀"等。一方面,这表达了对领袖人物的敬仰;另一方面,这些经典名句记录着人们积极乐观的生活态度。黄会长笑着对笔者说:"叟里元人不怕穷,敢打九十九节龙,白天砍柴卖,晚上睡灯笼。"这句话名扬四方,充分说明叟里元人不怕吃苦的精神以及热爱九十九节龙,即热衷团结、一心奔幸福美好生活的决心。

叟里元村的龙文化历史悠久,早在明朝初期,叟里元的祖先就对龙充满崇敬,表现在每年农历七月七日,全村人齐心协力,舞九十九节龙(每节之间四到五米)。在九十九节龙重返舞台的时候,《韶关日报》做了报道《龙文化在叟里元》。

二、板凳龙重现

延续千年的旧址与日益翻新的住宅格局。新田村自西晋迁入，明清时代建成的"九井十八厅"以及大户人家的住房，子子孙孙，形成了千年古居。遗留的古祠堂有40多座，为全国之最，但是仍然保存完好的只有8座。明代修建的"叙伦堂""爱敬堂"均在2010年进行了抢修，尽管房子随着年代久远而破损、失修，但是保存完好的古祠仍被不断抢修、翻修，让千年古居得以留存。随着经济条件改善，大多数村民搬出古村旧址，或为了不破坏古村旧貌另起炉灶，重建新房，传统的居住格局已被打破。

新中国成立后，舞板凳龙很难再现，只留存在老一辈的记忆里。据村民讲，2010年，乌迳中学的中学生曾经舞过一次，那是为了配合新田村申报省级古村落，所舞板凳龙受到了前来考察的专家的好评。乌迳中学的老师们讲，当时舞板凳龙的器材现在还堆放在学校里，没有再次被利用。（图4.2）

图4.2　中学表演板凳龙

板凳龙缘起于娱乐先辈，随着日常生活中板凳的消失，无论是家庭桌椅还是学校的桌椅都进行了更新，板凳龙逐渐淡出人们的视野。没有物质依附的精神文化无处安放。此外，大量的村民外出务工，难得有村民参与舞板凳龙。虽然新田村依然在举行姓氏节传统活动，姓氏节上会邀请专门的龙狮队伍来展演，但舞板凳龙的活动已变成邀请其他地方同宗族的专业民间艺术团来展演，失去了村落板凳龙的原汁原味。

第五章

粤北民俗体育趋向转型的"龙舟文化"发展历程

民俗体育形成于传统农耕社会,是"一个国家、民族或者地区中广大民众所创造、享用和传承的模式文化,也是生活文化"[①]。粤北民族地区的扒龙舟是典型的吉登斯现代性理论中的"脱域"[②]。粤北民俗体育扒龙舟经历了传统发展时期(1957年前)、断裂时期(1958—1985年)、恢复期(1986—2005年)、停滞期(2006—2015年)、转型期(2016年以来)。

第一节 传统发展期

民俗体育龙文化根据体育文化的层次分类,通常分为两层说、三层说和四层说。两层说通常指物质文化与精神文化;三层说通常指物质文化、制度文化与精神文化,受到广大学界的认同,本书从三层说来对粤北民俗体育扒龙舟进行阐述。

---

① 郭军,高振云,仇军,等.日常生活视域下我国民俗体育"脱域"发展历程及未来路向:以傈僳族"爬刀杆"为例[J].山东体育学院学报,2020,36(4):66-73.

② 安东尼·吉登斯.现代性的后果[M].田禾,译.南京:译林出版社,2000.

一、物质文化

1.所处地理位置与居住格局

犁市镇扒龙舟所处村庄的位置均位于浈江河畔。毗邻韶关市区,参与扒龙舟的村庄主要有下园村、厢廊村、黄塘村、沙尾村等行政村,有些行政村又包括多个自然村,如下园行政村下设侯屋、王屋、赖屋、李屋和廖屋5个自然村。下园村在历届韶关市龙舟赛中都是出龙舟队最多的村落,其中侯屋和王屋龙舟队人员全部出自本自然村。居住格局以传统的村居形式,以同姓氏聚居同一村落。

2.扒龙舟的地点

扒龙舟被犁市镇人俗称为"划龙船""赛龙船"等,是每年端午节前后水乡地域开展的节庆习俗活动。犁市镇扒龙舟是浈江河畔的人很喜欢参与的活动。并非所有喜欢的人都愿意去扒龙舟,只有在靠近村庄的河边才能进行扒龙舟活动,当然也不是每个村庄的河边都能举行扒龙舟活动。比如下园村靠河边,侯屋村、沙园村、桂头村、塘头村等5个自然村是可以的,因为每年农历五月的龙船水很凶猛,如果受不了龙船水,可能一阵龙卷风会将整条龙船卷进去。虽说这已经是几百年前的故事,但是有的村庄就是不能造龙舟,也不能扒龙舟。

3.扒龙舟的器材

舟船是古代傍水而居必不可少的承载工具。传统社会的船只通常作为交通工具使用,使住在河岸两边的人从一边过渡到另一边;还作为捕鱼工具,用来谋求生计。之后龙船从日常生活用具中独立出来。龙船长二十多米,宽一米左右,龙身即龙船的舱能够容纳18对划手,加上鼓手、舵手,龙船上总共有 35~41 人。龙舟竞渡是古代吴越地区"龙"部落图腾祭祀的方式，在粤北地区，既为祭拜龙神，又为纪念屈原。人们也深知龙舟竞渡早在屈原之前就已存在于吴越水乡。

木船刷上桐油之后放在岸边晒干，上了桐油的木船水分太重，划起来是很难跑得快的。为了减轻龙船的重量，会将木船晾晒后再上桐油。传统龙舟能够坐 36 人左右，远远超过现代竞技龙舟乘坐的人数，龙舟的颜色也颇有讲究，犁市镇侯屋的龙舟涂成黄色，其他村庄的龙舟大多涂成青色。舟是什么颜色，船头手持丈余长杆的旗子就是什么颜色。此外，比赛队员的服饰只要干净整洁即可。（访谈对象：MDL，访谈地点：侯屋村）

4.扒龙舟技术及活动方式

扒龙舟的技术来自生产和生活方式，每个人在扒龙舟活动中各司其职，会打龙头的师傅主动自觉打好龙头，还会在上龙头时调好龙筋。活动内容主要是与邻村的船只进行嬉戏与争斗。扒龙舟从日常生活生产方式发展为龙舟赛事，从日常生活中独立出来，是传统民俗体育龙文化的当代适应。

在粤北民俗体育龙文化的物质空间体系中，山或水象征着"天"，祠堂象征着"地"，村落象征着"人"。"天""地""人"即"天人合一"，这种传统思想符合中华民族的传统，为扒龙舟仪式铺垫好了物质基础和思想准备。龙文化的物质基础是传承龙舟仪式的前提条件。

二、制度文化

1.组织制度

明清时期，扒龙舟竞赛主要是家族之间的龙舟竞技，比如下园村的侯屋、黄屋、李屋等各姓氏家族之间的龙舟竞争，是展示家族威望的良好契机。随着社会不断变革，家族组织被集体、公社所取代，家族扒龙舟竞赛由村集体组织取代,家族龙舟赛逐步进入衰退期。

2.经济制度

扒龙舟的经济制度类似公有制,由宗族成员进行集体捐资,有钱的多捐,没钱的少捐,历来沿袭着"富人多捐、贫者少捐"的传统。旧时为村民自愿捐助,如果资金不够,组织扒龙舟的负责人就会到犁市镇周边的店铺进行募捐。据当地老人回忆,当时的募捐也叫作"写钱",有流传至今的龙船歌可以佐证,"龙船鼓子闹连连,我来写钱你莫嫌,保佑今年好时年,一年耕出三年田"。募捐还可以采取唱龙船歌的形式进行,唱输了的一方需要出资赞助(访谈对象:ZZ,84 岁,访谈地点:浈江河边,访谈时间:2019 年)。后来扒龙舟时还曾采用"谁捐得多,谁就有机会参与玩"的不成文规则,哪怕是捐米、捐用于扒龙舟的物品,简而言之,就是只有乐于出资的人才有资格参与扒龙舟。解放后大集体时扒龙舟活动一直延续,参与扒龙舟还可以记工分。在"破四旧"期间,存放龙舟的庙宇惨遭烧毁,但龙舟的"头"被存放起来,没有被毁掉。

3.活动规则

《广西通志》记载,"遇端阳前初一日,即为竞渡之戏,至初五日方罢。舟有十五数只,甚狭,长可七八丈,头尾皆刻龙形。每舟有五六十人,皆红衣绿衫短裳。鸣钲鼓数人,搴旗一人,余各以桨棹水,其行如飞。二舟相较胜负,迅疾者为胜。则以酒肉红帛赏之,其负者披靡而去"。龙舟竞赛表现出"勇于争先"的竞争精神。白居易作诗《和万州杨使君四绝句·竞渡》和卢肇作诗《竞渡诗》,充分说明中原人口迁移,粤北犁市镇龙舟文化与荆楚之地龙舟文化同根同源。

4.组织者与参与者

犁市镇扒龙舟以沿浈江河畔的自然村为单位进行,每个自然村的村民有同姓居住的,也有不同姓居住的。每年农历四月底,德高望重、家里条件比较好的人组织扒龙舟,沿江而居、有扒龙舟兴趣习俗爱好且捐钱较多的人才能够成为组织者或参与者。

三、精神文化

民俗体育龙舟的精神文化,其实质是指体育观念文化,通过扒龙舟仪式呈现。仪式程序展现出扒龙舟过程中人们的精神信仰和心理需求,甚至在社会生活与互动中呈现出价值观。

犁市镇当地的扒龙舟其实质是划龙舟。传统扒龙舟的仪式遵循着中原祭祀屈原的传统,这也形成了村民们熟知的常识,某种程度上既是对我国传统文化热爱和传承的表现,且又独具匠心。以沙尾村为例,邓先生(1936 年生,访谈地点:沙尾村)介绍,沙尾村的邓氏已经有 32 代,这个村始建年代不详,前几年已被并入厢廊村,邓氏是这个村的主要姓氏,共有五个村小组,位于犁市镇西北方位,距离乡政府约 9 公里。沙尾村在扒龙舟过程中遵循着一系列仪式。

1.龙船下水

拜祭祠堂神灵,不打锣不打鼓不燃放鞭炮,整个过程非常安静①。龙船一般舞完之后晾干,采用专门供奉龙舟的小屋进行供奉,龙头与龙尾都是单独放置。所谓龙船下水,是参与扒龙舟的民众要把龙船从龙船屋内抬出来,安装上龙头与龙尾,让龙船更显灵性,特别是面对划龙舟的方向祭拜龙王。

---

① 李冬香.韶关犁市扒龙船调查报告[J].韶关学院学报,2017,38(7):1-7.

犁市镇民众一方面对大自然未知祈求神灵保佑,该做的神灵祈祷仪式按照程序进行,不同于《武陵竞渡略》记载的"龙船不施头角,或试施之,一再行,即取去"。祭奠屈原,整个仪式同中原乃至其他地区的精神信仰,下水前要拜祭菩萨,下水后要去庙里把供奉的屈原请到船里来,龙船上岸再把屈原请回庙里去,这些仪式流程都表示了对屈原、神灵以及先人们的敬重。龙船一般以容纳36人为宜,36意味着"六六大顺",同时龙船大能够承载更多的族人,便于彰显家族实力。龙船下水包括出龙船寨、下水迎接端午竞渡、调扎好龙筋、装好龙头龙尾、绑紧锣鼓铜锣、偷偷抢青。

2.抢青

抢青是犁市镇扒龙舟独特的仪式。"青"主要由艾草、丝茅和苍蒲等绿色植物组成。抢青的地方位于离船码头比较近的河边。抢青前,要在龙头上插两根蜡烛,将其点燃朝其祭拜,然后在岸边插四根蜡烛点燃朝其祭拜,是对水神、土地神的祭拜。抢青的"青"意味着"早",青本身是生命力的象征,也指青春永驻、健康永驻。抢到青前"不能说话",必须偷偷地,抢到青后把带有各种叶子的竹子插在龙头上,并要在上面绑上红布。抢到青了,才能放鞭炮,鸣锣打鼓!岸边的人也随之点燃鞭炮,祈福意味非常浓,一般是祈祷屈原、菩萨和神灵保佑国泰平安、风调雨顺。

3.走亲戚，洗码头

走亲戚,是指在龙船下水后,村与村之间的龙船队互相拜访,也被当地人称为"行亲戚"。犁市镇沿河居住的村落大多有自己的龙船,如果村落较大,可能村落里不同姓氏各自拥有龙船。龙船根据龙身主体颜色进行划分,分成黄龙、青龙、红龙与白龙等,青龙居多。

据说每条龙船的颜色源自祖上流传,走亲戚就是本村村民划着龙船到邻村拜访。到访龙船需要在龙船上点燃鞭炮,鞭炮声传递给对方,告知对方自己将到达的信息。亲戚龙船听到鞭炮声会奋力向前来迎接,同时燃放鞭炮回应,表示热烈欢迎。亲戚龙船迎接到访龙船后会围绕到访龙船在水中央转两圈,双方互相唱龙船歌,表示友好。然后开船并行,到了亲戚码头,则互赠烟酒、粽子等礼物。礼物除了祭祀神灵,本身的给予、接受与回馈形成了这种互动圈,促进了浈江河畔犁市镇村落之间的友好往来。返程途中,无论是到访的船只,还是亲戚的船只都会朝着自己村落的方向倒退划三次,然后掉头回家。这充分说明了"龙舟"三进三退的传统礼仪。扒龙舟活动展现了宗亲之间或者村落成员之间团结协助的精神。扒龙舟中的"竞渡"也称为"斗贝",不仅比速度,也比气势。竞渡之前,队员们一般不专门组织训练,到了竞渡日去参加即可,打鼓手和打锣手分别坐在船头和船尾,采用"一二、一二"的吆喝声来调节扒龙舟的节奏,鼓舞龙船队员的士气,龙船头利用"令旗"调动斗志。竞渡过程中除了交流感情,为了争输赢或得到尊重也会发生争斗之类的恶性事件,充分说明民众为了族群的竞争心理,具有较深的集体荣誉感。在竞渡过程中,人们展现出奋勇拼搏的精神,从中可窥见村民们一方面热爱团结,另一方面勇于竞争的精神。行亲戚途中,遇见大大小小的码头,龙船会在码头前转圈并燃放鞭炮,这被当地村民称为"洗码头",与端午节的祭祀期盼、除去污秽等心理有关。

4.吃龙船饭

吃龙船饭是扒龙舟必不可少的环节,也是凝聚村民情感的重要场合。龙船饭的经费来源于村民捐献的钱财和物品。除扒龙舟的队员外,通常村里每家每户都会派至少一人参加活动,在吃龙船饭的开饭前或过程中,大伙会在传承人或者会唱龙船歌的村民的带领下领唱龙船歌。[①]

扒龙舟仪式是龙舟文化的积淀和传承,对社会具有显著的整合功能。

----

① 李冬香.韶关犁市扒龙船调查报告[J].韶关学院学报,2017,38(7):1-7.

美国传播学者詹姆斯·W.凯瑞认为,仪式展演传播的不仅是信息的物理流动,更是意义的分享。马塞尔·莫斯把仪式传播作为礼物来界定,他认为礼物连接着人,人们把心灵、荣誉放进事物之中,也将事物放进灵魂之中。人们的生活彼此相容①。扒龙舟仪式使人与物走出自己的圈子互相融合,达成社会总体性事实的呈现。

精神文化层面首先表现在龙舟信仰上。龙舟最早被公认为龙神崇拜与舟嫁接的产物,后有学者在《端午节起源新考》中认为端午节是楚越文化与北方端午习俗的交融,赛龙舟是祭屈原的习俗②。尽管传说屈原是投身于汨罗江,抑或湖北秭归是其纪念地,但在访谈中,民众的观点如出一辙,表示侯屋的扒龙舟主要是纪念屈原。龙舟曾在武江河畔受到广大民众的喜爱,主要是人们的英雄崇拜和神灵信仰。扒龙舟除了纪念屈原,还有神灵信仰的心理在起作用。在调研过程中,无论是二十多岁的青年人,还是七十多岁的老年人,都觉得侯屋村的龙舟非常讲究。按照当地人的说法,扒龙舟过程中有许多禁忌。

据侯老师(侯屋村曾经在村小工作过的老师,时间:2019年5月,地点:犁市镇侯屋村)介绍,侯屋扒黄色的龙舟,韶关其他地方扒青色的龙舟。黄色古代为皇帝所用,意味着明亮与富贵。他还讲了几则他认为匪夷所思的传说故事:有一次扒龙舟比赛,发奖时从第二名发起,划船人不理解,黄龙是皇帝所用的黄色,向来受人尊重,居然不从第一名开始发奖?龙生气了,龙舟尾一翘,尾巴断了,北江桥也断了。人们将"黄龙"生气与"桥断"联系起来,让龙舟成为"神话"。原本扒龙舟获奖与龙舟尾巴的器材之间没有必然联系,恰巧北江桥断了,人们把日常生活与神灵进行联系,加强了对扒龙舟的神秘性的信仰。侯老师回忆,"据我爷爷讲,小时候当地流传着这样的传

① 闫伊默."礼物":仪式传播与认同[J].国际新闻界,2009,(4):45-49.
② 范红.端午节起源新考[J].广西民族学院学报(哲学社会科学版),2003(3):150-153.

说故事,有一群人在河里扒龙舟,其中一个人不会划水,结果狂风暴雨骤起,波涛汹涌浪过了龙船,淹没了船身,龙舟保佑了那人和船上的人都没事"。由此可以看出,对龙舟的敬畏扎根于世世代代村民的骨髓里。

笔者调查得知村民将溺水与扒龙舟联系起来,"每年夏天,这里的孩子喜欢到河边戏水、玩耍,经常会有小孩子溺水,后来请龙舟去洗了码头,就是'下园村渡口'那个地方,再也没有发生过溺水事件了。这个实在没有办法解释,自然村靠河边住,也不是每个村庄都扒龙舟,有些村是不能扒的,扒了龙舟经常会给村民带来灾难,于是洗码头的习俗一直流传"。洗码头是巫术仪式的一种,巫术与魔法是扒龙舟进行洗码头的原因。洗码头的仪式具有传播功能,龙舟所到之处燃放鞭炮,村民们去观看。以前,人们对自然界未知的事情会采用迷信或者巫术的方式进行处理,洗码头的仪式隆重,会引起民众的重视,加强对小孩的安全教育,要求小孩尽量不要靠近河边玩耍,人们安全意识普遍提高,溺水现象明显减少。人们将溺水减少归功于仪式洗码头的结果,将龙舟洗码头神化,似乎龙舟活动不传承就会遭受"天谴"。而在有些对浈江码头警觉性不强,发生过溺水安全事故的村落,人们就认为他们不适合扒龙舟,将其上升到"天意"。马塞尔·莫斯在《礼物》一书中提出"总体呈现体系",说明扒龙舟仪式的"礼物"具有祭献作用。

5.纪念先辈

扒龙舟是为了纪念屈原在犁市镇沿河岸民众心中已经形成共识。HXS讲述:我生于1945年,小时候没有读什么书,经常放学后去划龙船,甚至有时候逃学也去划龙船,下园村龙舟是粤北地区第1条"黄龙舟",龙舟赛时很多龙舟都不敢领奖。要领也是黄龙队先领。我16岁离开家乡去当兵,那时候"八月龙"最旺,扒龙舟也是为了纪念屈原。从"神权授意"到祖先崇拜,除了屈原,老人们心中还装着自己的祖辈——侯安都。云门寺中的上寺庙旁建有侯安都纪念馆。侯安都是南天第一人,过去七国战乱,为了保护子孙后代,他隐名埋姓,把子孙姓氏改成了 12 个姓。他是侯姓中值得敬仰的祖先。韶关的张九龄是大宰相,跟侯安都是同一朝代的人。村里多位老人证实:新中国成立前村里举行扒龙舟比赛,过去是邀请赛,扒龙舟根据捐稻谷的多少选择人员,捐少了就没有资格参与。现在,变成了有钱才有人来扒龙舟。不是人变了,而是社会现实逼得人们没有办法,很多人其实不要钱也很想扒龙舟,但是出门打工的人多了,村里的年轻人少了。纪念先辈的情怀蕴藏在村民心中。

第二节　断裂期

一、社会背景

扒龙舟活动在"文化大革命"期间被禁止,龙头被烧毁,龙舟被用作灌溉渠的引水工具,没有任何村民敢公开组织或参与扒龙舟。龙舟文化处于断裂期。

二、文化变迁

文化变迁在人文社会学科研究者眼里能从不同视角去解读,社会学家与人类学家解释视角不同,定义也不完全相同。文化变迁应是文化的任何方面,包括物质文化和非物质文化所发生的变迁[①]。其文化变迁过程中通常包括:发明、传播、文化丧失和涵化[②]。所谓文化丧失,是指一种文化被另一种文化取代,具有严重的破坏性后果。扒龙舟是犁市镇民众世世代代传承的习俗,从解放前到解放后大集体时,村集体组织扒龙舟还记工分。"文化

---

① 林越英.旅游人类学讲义[M].北京:旅游教育出版社,2019.

② 王铭铭.文化变迁与现代性的思考[J].民俗研究,1998(1):1-14.

大革命"时,龙舟的"龙头"被摧毁,尽管摧毁了物质,但民众对扒龙舟文化的情感一直在心中。据村里已经退休、曾经雕刻过龙舟的侯老师讲,其实即便是在"文化大革命"时期,人们还是喜欢扒龙舟的,村里曾经私底下请龙船师傅来雕龙头,结果被一个村民告密了。工作组来巡视检查时,龙船师傅两锤子就把龙角锤落了,龙没有了角就不是龙了,等工作组一走开,龙船师傅又将龙角安装上。这个告密的人受到了全村人的排挤,后来大家就不让他和他儿子扒龙舟。古典进化论的主要代表人物泰勒认为,文化发展依照最落后到最文明链接起来发展;摩尔根在泰勒进化论的基础上细化了低级、中级、高级三个阶段,并且提出生产工具与生产技术是影响文化变迁的因素;美国学者朱利安·斯图尔德提出"文化是人类适应自然环境的结果,认为自然环境不同,文化的各项事务也不一样";怀特运用能量来阐释文化的进化;马林诺夫斯基认为"文化是满足人们生活需要的必要的手段"①。其实,除了自然环境对文化的影响,社会环境对文化的影响也不容小觑。扒龙舟文化变迁源自社会环境的变化,社会的发展使龙舟文化不再是满足人们生活的必需手段,人们就难以传播和传承龙舟文化。

三、原因分析

政治环境是这一时期文化变迁的主要原因。"文化大革命"时期的政治环境产生的文化魄力打破了当时的文化惰性,使得物质文化与精神文化失调,精神文化与行为文化不能同频共振,旧制度被新制度取代,旧习俗被要求革新,传统文化活动被迫停止。②

---

① 虞华君,陆菁,吴丽.文旅融合的"拱墅模式"研究[M].上海:上海三联书店,2020.
② 钱穆.中国文化史导论[M].北京:商务印书馆,1994.

第三节 恢复期

十一届三中全会之后,国家将工作重点转移到经济建设中,形成了《关于建国以来党的若干历史问题的决议》,对"文艺与政治的关系"进行了深入探讨,对把扒龙舟当成封建迷信的错误认识进行"拨乱反正",文艺为人民服务的方针政策极大调动了民众的工作积极性。1980年,国家体委将龙舟竞赛列入体育正式竞赛项目,邀请全国各县市广泛开展丰富多彩的民间艺术和体育活动,恢复民众的宗教信仰自由,恢复民众的文体生活,龙舟随着社会发展很快回归人们的日常生活之中。

一、物质文化(龙舟木制)

传统龙舟受到各村落的重视。1978年,我国实行家庭联产承包责任制,这极大调动了农民的劳动热情。他们获得了生产与消费自主决定的权利,经济收入明显增多,闲暇时间富裕,于是各村落筹谋重新修建龙舟厅。人们将龙舟厅修建到离河边比较近的地方,远离祠庙。龙舟通常采用专门材料制成,因为有些龙舟划不快可能与其本身的材质有关。浈江沿岸靠近水边的大多村庄都有龙舟,这些龙舟主要作为日常到对岸的水上工具。过去新造龙舟共有18舱36个位置,龙舟器材靠自己打造,有的村的龙舟长,有的村的龙舟短,长短不一,规格不统一;不同村庄的龙舟的颜色也不同,比如侯屋通常舞黄色的龙舟,其他村落舞青色或其他颜色的龙舟。龙舟活动恢复后,扒龙舟成为人们日常生活的一部分。扒龙舟回归世俗,远离神灵或神圣,新建的龙舟亭成为村落巩固性的文化符号。

从现场调查的龙舟亭来看,建筑物并不久远,推测建于1980年后。沙尾村的龙舟亭建在村附近的水塘边,里面摆放着两条以前打造的龙舟;下园村的龙舟亭闲置着,没有摆放龙舟。村里每家每户捐款购买属于自己村的龙舟,沙尾村的村民很自豪地说起当初扒龙舟都靠捐稻谷来决定谁参与,如果捐稻谷捐少了就没有资格参与。

二、制度文化

家庭联产承包责任制实施后,实行"分田到户"政策,村民之间从大集体过渡到"个体户",农村生产中需要互帮互助,这种背景下家族之间的势力开始重新凝聚。经济上每家每户捐赠粮食即可,参与的划手捐赠粮食多才有资格去扒龙舟,如果捐赠粮食少了就没有扒龙舟的资格。据说村里年老和年少的男子都喜欢扒龙舟。1980 年龙舟赛(也称赛龙舟)被列为正式体育比赛项目。1996 年,韶关市举办了第一届龙舟赛,使用的是传统龙舟,18 舱的龙舟可以坐 36 人,随着赛事越来越规范,龙舟逐渐改成国家标准赛事规格,一般坐 22 人。侯屋村的划手均来自侯屋村,当时参赛是以自然村落为参赛单位,而不是以村组为参赛单位。犁市镇政府在村民们的强烈要求下组织了传统龙舟竞赛,村落龙舟活动得以恢复。龙舟当时在每个村庄还起着交通运输的作用,组织起来相对容易。扒龙舟的赛事规则沿袭传统赛龙舟的规则,按照传统龙舟的仪式与流程进行。

三、精神文化

精神文化指属于精神、思想、观念范畴的文化。扒龙舟的精神文化主要是指扒龙舟的观念。[①] 争强好胜一直都是传统扒龙舟的宗旨。在扒龙舟的过程中,虽说每逢端午节都会"走亲戚",但是也会因为一滴水、一颗鞭炮甚至"斗龙船"输了而发生"恶斗"事件。按照老年人的说法,现在的年轻人太年轻了,已经完全不讲究传统的东西了,讲起来似乎都是封建迷信,但是仪式还是应该有的,传统扒龙舟的规矩还是应该讲。老年人认为,年轻人甚至

---

① 曾丽雅.关于建构中华民族当代精神文化的思考[J].江西社会科学,2002(10):83-88.

连"抢青""打鼓"都不重视,没有怎么讲究规矩,怕到时候出现其他问题。甚至在老年人眼里,不按照传统的老规矩行事,抢青时不说吉利的语言是很难扒得赢人家的。他们认为要尊重民间的传统,传统是个好东西,也是个管家婆,精神文化都蕴藏于民俗文化的整体框架之中。随着时代发展,现代年轻人吸收现代文化科学知识与获取知识途径增加,对于一些过去未知的自然现象有了科学解释或者是他们自己的解释,某种程度上是人类的进化。但是老年人认为他们的经验是可取的,于是传统与现代之间存在一定的差距,老年人与年轻人的观点存在差异,也是情理之中的事情。

第四节 停滞期

文化本身是一个历史的过程,物质市场为扒龙舟提供物质支持,其日积月累产生的情感仪式链在互动循环中产生情感与符号。2006 年龙舟水异常猛烈,直接冲垮了沿江的侯屋村落。

一、社会背景

随着国家体委将龙舟竞赛列入体育正式竞赛项目,以及《全民健身计划纲要》的出台,人们在闲暇之余逐渐将扒龙舟发展成健身爱好。1996 年,韶关市举办了扒龙舟首届比赛,但传统龙舟赛事没能延续。2004 年出现了扒龙舟过程中的小插曲,引发了其他龙舟队员之间的互殴,镇里下令不得再组织和参与龙舟赛。2006 年,洪水肆虐,冲毁了浈江河畔的村庄,整个村庄被淹没了,政府采用让党员干部、企事业单位工作人员带头搬迁的策略引导村民搬迁。一部分人在政府的安排下,率先举家搬迁,有些人不愿到政府指定的地方去新修房屋,而是将房子建在自认为好的地方。还有的人的房子受到洪水的影响较小,房子没有倒塌也借机搬迁。是坚守自己的初心团结一心抵制搬迁,还是顺从政府提供的新建房屋的帮助?搬迁与不搬迁,搬到政府指定地点与自己挑选地点的意见分歧,使得村民们意见不统一,有的人在原址重修,有的人挑址新修,还有的人按上级指示修建,原本血脉相承的自然村分建三处。为了尽快重建家园,村民们一心一意抓家庭,无心扒龙舟。

二、文化变迁

排拒是文化变迁过程中的特殊现象,变迁迅速,会让人难以接受从而带来反抗或者复兴。社会人类学者认为"环境变化会引起一系列的社会与文化体系的变化"①。犁市镇由于洪水灾害,村庄被冲垮,民俗体育龙文化活动的自然环境遭到破坏。虽然扒龙舟的场域、器材并未遭受到破坏,但是对人们的思想冲击较大,人们不再像过去那样团结。以前大家逢年过节聚在一起,或者谁家红白喜事都会互相帮忙,但是经过了洪水风波之后,村民之间的互动减少了。这一事件造成村民之间观念不一、情感疏离,人们开始排斥扒龙舟。

三、原因分析

马克思认为推动社会发展进步的因素是在历史转折点上起到关键作用的人或事。除了"文化大革命"时期,犁市镇扒龙舟也有过其他原因造成的中断。ZGQ(在佛山做玉石生意的本村村民,访谈地点:浈江河边,访谈时间:2020 年 5 月 3 日)认为,"侯屋村的龙舟赛除了'文化大革命'之外,前些年(2005—2015 年)停办了。因为那年我们得了冠军,引起了打架。事情发生的缘起是我们村的人过去是挖矿的,有力气,在扒龙舟过程中超过了黄塘村,另外一个村就嘲笑输了的龙船队,被嘲笑的龙船队员表示受到了嘲笑和侮辱,与嘲笑他们的村民打架,造成了恶劣影响,于是取消了扒龙舟"。

断裂原因有二:第一,犁市镇组织传统龙舟赛,赛事采用的是传统龙舟,

---

① 王铭铭.文化变迁与现代性的思考[J].民俗研究,1998(1):1-14.

有长有短,有快有慢,不规范。第二,在犁市镇组织的一次龙舟赛上,侯屋村犯了传统扒龙舟的禁忌(传统扒龙舟忌讳被人包围)。在比赛中,侯屋村龙舟队胜了黄塘村龙舟队,并掉头围着他们绕了圈,惹得黄塘村龙舟队被其他龙舟队笑话,引发了群殴。2004年,因为打架斗殴造成的恶劣影响,扒龙舟比赛取得的名次被取消,与此同时,还取消了扒龙舟活动。

　　基于以上分析,特殊时期对人们龙文化精神信仰的摧毁,对人们日常生活的影响,加之现代体育文化的广泛传播,城市体育的日益侵蚀,阻断了包括群体传承在内的一切寻常的扒龙舟传承渠道。青年一代对传统民俗体育龙文化的情感日益淡漠,在现代龙舟竞技与传统龙舟习俗之间存在着隔阂,不遵循传统中的禁忌带来的民众情感伤害和社会影响以致扒龙舟被迫停滞,传统民俗体育的节日这种非物质文化遗产面临着断档的危险。

第五节　转型期

　　世界各国在走向现代化的过程中势必从传统农业走向现代工业①,经历转型,我国在全面建成社会主义现代化强国过程中,同样会经历从传统到现代,从农村发展到城镇化建设与乡村振兴共同发展。民俗体育也不例外,面对高速发展的社会,如何在现代化过程中传承与发展,转型似乎是必然趋势。

一、物质文化变迁

1.村庄建在不同地方的散落格局

　　2021年,市场监管总局、生态环境部、住房城乡建设部等七部门印发《关

---

① 巨永明.从传统到现代:西方社会转型问题:与李宏图先生商榷[J].探索与争鸣,2000(3):18-21.

于推动农村人居环境标准体系建设的指导意见》,指出农村宅基地在进行改造或者新建过程中缺乏合理设计,已经建成的农村住宅风格迥异,缺乏整体规划,影响村容村貌。犁市镇下园村村民原本集中住在浈江河对岸,由于2006年洪水灾害,冲毁了整个村庄,村民们的家园被洪水毁坏,政府部门为了妥善安置村民,给被淹的村户规划了重建新房的地址。然而有些村民认为政府划定的地址不好,不愿意搬迁到指定地点去建房居住。政府采用动员其中一部分公职人员率先按照要求进行了搬迁的策略,引导广大受灾群众搬迁。属于搬迁对象的不愿意搬迁,不属于搬迁对象的却跟随进行了搬迁,搬迁的农户与未搬迁以及搬迁到自己心仪地方的农户之间产生了隔阂,居住地分散三路,打破了同村同姓的格局。

2.龙舟器材标准化

2006年,《中共中央 国务院关于推进社会主义新农村建设的若干意见》提出,推动实施农民体育健身工程是社会主义新农村健身体育事业的新举措,发展新农村体育是塑造社会主义新型农民的主要途径。2004年,在"生活奔小康,身体要健康"的号召下,"体育三下乡"活动启动,将体育彩票公益基金6000多万元用于农村体育"全民健身路径工程",充分利用农村体育身后的文化积淀,创造具有独特价值的中国传统体育,为农民带来丰富精神食粮[①]。龙文化体育器材遂从过去各村"打龙舟"变成由龙舟协会提供标准化"龙舟",由市级体育局提供器材。器材最初买的是钢化玻璃,尺寸过去采用广东省统一标准,现在已经采用国家统一标准,龙舟的长度统一为18.4米±5厘米(从龙头到龙尾),龙身长度为15.5米±3厘米,宽度为1.10米±1厘米。这改变了传统龙舟由于器材材质不一、长短不一,甚至规则不一,比赛结果不具备科学性与合理性的情况。

---

① 黄爱峰.新农村建设下的农村体育发展思考[J].上海体育学院学报,2006(6):14-19.

3.扒龙舟的场域扩展

"场域"由法国社会学家布迪厄创建,他认为"场域是在各种位置之间存在的客观关系的网络,是一个构型,强调把人放在结构化的社会空间进行研究"①。我国社会学家费孝通先生阐述"文化场",将它解释为一种能量从中心向四周辐射所构成的覆盖面,很难脱离与空间的联系②。麦克·克朗认为"文化场域始终与文化维持密切相关,文化内容不仅涉及表面的象征意义,而且包括人们的生活方式"③。Lucy R.Pipped 认为"地方是人们生命地图里的经纬线,它与时间、地点、环境不可分割,充盈着人类的历史与记忆"④。粤北犁市镇扒龙舟存在着不同的文化场域,传统的扒龙舟依旧在过去的场地进行,而当龙舟成为正式体育比赛项目,赛事为打造"美丽乡村"韶关品牌,提高韶关城市知名度,将空间朝着有利于进行多种"龙舟"竞赛的方向发展,赛事场域辗转到韶关市区的河流地段,扩展了传统场域。

4.扒龙舟的技术变迁

传统的扒龙舟的技术源自生产劳动,龙舟主要来自交通工具,主要比民众本身的力气、协调等。但是传统龙舟向竞技龙舟转型后,人们意识到扒龙舟是项技术活,首先要从体能上进行训练,其次是划龙舟的技术。领队表示训练时间或长或短,长的在一个月左右,有的在 15 天左右,也有参赛队训练3~4 天,极少数参赛队不训练。ZGQ(2020 年 6 月 6 日)告诉笔者,"不训练的话要么力气不足,要么技术不协调,至少要训练 20 天才行"。获得过韶关

① 皮埃尔·布迪厄,华康德.实践与反思:反思社会学导引[M].李猛,李康,译.北京:中央编译出版社,2004.

② 费孝通.论人类学与文化自觉[M].北京:华夏出版社,2004.

③ 迈克·克朗.文化地理学[M].杨淑华,宋慧敏,译.南京:南京大学出版社,2003.

④ Lucy R CLipboard.The Lure of the LocaL:Senses of PLace in a MuLticu LturaL Society[M].NewYork:The New Press,1998.

市六连冠的水口龙舟队的教练 HGH 说:"这几年的冠军都是我带出来的,以前每次比赛都是最差的。我初中毕业后读了武校,往体育方面发展,接触到龙舟之后,还专门在其他地方学习了龙舟技术才回到村里对参赛选手进行培训。水上训练是必不可少的,主要采用的训练方法包括体能训练、跑步、引体向上、俯卧撑、水上训练,抓技术,抓划法,基本上上午训练从早晨八点至十二点,下午再训练两个小时。"龙舟技术已经从日常生活中逐步独立,成为强身健体的手段,侯屋村在市里办体育培训班经常组队训练的 ZCH 说,每天下班后训练扒龙舟,只当健身了。可见,扒龙舟从过去的"野蛮""斗狠"过渡到"文明训练""科学健身"。按照进化论的观点与怀特的技术论观点,扒龙舟的技术变迁已与日新月异的现代社会相适应。

二、制度文化变迁

1.龙舟赛事协会化

龙舟赛事在全民健身日益受到重视的背景下由体育局出面组织,以体育竞赛的形式举办。自市里将龙舟赛事拟打造成品牌赛事活动以来,龙舟协会的会长牵头组织犁市镇龙舟参赛,召集各村村委或村民组织浈江沿岸各村落参加扒龙舟。扒龙舟活动由体育局组织,即政府部门参与,龙舟协会会长牵头组织民众,呈现出龙舟赛事协会化。每年参加龙舟赛的队伍,大多由村落组队参加,也有由家族组队参赛,全市共组建 16 支龙舟队参赛,主要的龙舟队在犁市镇,下园村、厢廊村、桂头村、沙园村等每个村中又以宗族姓氏组队参赛,比如黄屋龙舟队、侯屋龙舟队等。更有甚者,侯屋龙舟队兵分两支,一支是传统的老村民组织的侯屋龙舟队,一支是由有体育技能和与体育局关系熟络的年轻人自己在市区组织年轻人业余训练的队伍。可见,犁市镇龙舟队已经形成了由龙舟协会牵头,社会精英组织,全体村民齐心参与龙舟运动的良好氛围。

2.活动组织总体常态化

2020年端午节期间,笔者驱车前往犁市镇,再遇沙尾村会唱龙船歌的邓先生,为便于笔者到沙尾村开展调研,邓先生热情为笔者联系他在村委会工作的侄子,笔者当场表示感谢,留下联系方式,开车驱向沙尾村的龙船亭所在地。临近目的地,偶遇一村民,询问龙舟亭具体位置,继而了解村民参与扒龙舟的情况,村民说,"小时候村里的男孩子经常参与扒龙舟,村里几乎年年组织扒龙舟,基本上是常态化"。笔者继续问道:"那今年是否组织扒龙舟?"村民直接回答:"我们不是体育局的人,哪里知道得那么清楚?"听他如此回答,笔者发现政府在民俗体育龙文化中占据着主导地位,如果体育局不组织,村里的龙舟赛可能就会搁浅。各村的龙舟一般由村委牵头,村里的能人出来组织,有的村是村委相关负责人直接牵头组织,有的村是看民众谁愿意出来牵头或谁有威望就出来组织。犁市镇扒龙舟活动是政府指引下的自发性赛事活动,活动组织总体上呈现常态化趋势。

3.经济制度呈现出多方筹措

经济制度涉及人们生活的切身利益,改革开放后计划经济体制向市场经济体制转轨,体育事业向体育产业发展,政府统包统揽的体育缺乏活力,体育赛事由多元主体进行承办。过去为了尽快在国际舞台占领一席之地,重竞技体育轻群众体育,群众体育赛事的经费来源单一。源于人们对传统扒龙舟的热爱,龙舟赛事经费采用民众集资+政府拨款+企业赞助+奖金等构成。赛事经费是保证龙舟赛持续开展的基础条件,笔者在2019年5月对犁市镇组织参加韶关市龙舟赛的经费筹集进行了初步统计。

田野调查过程中,参赛选手一再强调经费的重要性。自2006年洪水肆虐之后,人们需要重建家园,无论是重新修建房屋还是在城镇购买房屋,房屋造价高,孩子读书及教育等都需要经费。侯屋村的ZGQ(2019年侯屋村扒龙舟的组织者之一)介绍,龙舟队的经费情况以及组织活动的情况:"市体育局赞助扒龙舟,每个龙舟队给5000元,区里拨款10000元,其他经费靠我们自己筹集,经费确实有点紧张。今年我们龙舟队有五个主力没能回来,有三个确实是因为经济上比较困难,不能因为回来扒龙舟丢了工作;有一个是因为正好被单位派出去学习没有办法回来;还有一个因为经济原因另起炉灶了。"经费成为村民参与活动无法回避的问题,扒龙舟属于全民健身运动,村民们自愿参加,相比于其他村落,侯屋村相对团结、齐心,能够组织起龙舟队,但是队员也都是理性人,会权衡付出与收益之间的利益关系。

4.经济利益使村民成为理性人

理性人假定是对经济社会中从事经济活动的所有人的特征做出的抽象概况,理性人假定认为,每一个从事经济活动的人都是利己的,都力图以最小的经济代价来获得最大的经济利益①。一方面,他们强调宗族关系,认为他们都是一个宗族的,关系很好;另一方面,确实因为经济因素造成了人员分散,关系不和。宗族之间的血缘关系是农耕社会的主要联系纽带,龙舟文化认同使他们得以延续扒龙舟的传统。随着计划经济向市场经济转型,人们成为理性人,至少成为有限理性的人。

三、精神文化变迁

1.扒龙舟的仪式

仪式能维持世界的神圣,通常与神话紧密相连。人类学把创造了属于自己民族特色的神话、传说的交往过程称为仪式。中华民族源于龙文化的

---

① 高志文,方玲.微观经济学[M].北京:北京理工大学出版社,2018.

扒龙舟活动的参与者与观看者在共享的时空中确认中华民众的情感和身份①。2022年端午节，笔者关注犁市镇扒龙舟的仪式已是第四个年头，犁市镇侯屋村的ZCH给笔者发来信息，"今天端午节划龙船，你有空来看吗？"笔者迅速回应。"几点？在哪里？"当得知上午九点将在犁市镇浈江河畔沙园村举办传统龙舟赛的时候，笔者驾车前往，匆匆赶到浈江边。一路上，老年人、青年人、儿童，男人、女人，不分年龄，不分性别，蜂拥前往，提前到达，在岸边等待观望。江面上只有一条轮渡船，供两岸边的人交通所用，不一会儿扒起龙舟来，轮渡就会停摆。在等待的过程中，河岸边准备了成箱的鞭炮，有些孩子专门在岸边等待放鞭炮，等待观看村落的两条龙船在水里嬉戏追趣。大约十点钟，下园村的龙船来走亲戚了，沙园村的龙舟远远地迎过去，据说这是传统习俗中"迎龙船"仪式，当接到亲戚龙舟的时候，主人龙舟围绕着亲戚龙舟转两圈，表示迎接。转完两圈之后，与亲戚龙舟并驾齐驱划向前，主动划到对面的岸边来。当两只龙舟划到靠近岸边的时候，岸边的观众朝着龙舟放鞭炮，表示热烈欢迎。鞭炮声象征通向天上的神灵。龙舟划到岸边，传承人MDL在岸边等候，迅速拿出提前准备的礼物烟和水，递给"划手们"表示慰问与犒劳。收到礼物的刹那，每个人脸上洋溢着笑容，岸边簇拥着看热闹的人中忽然出现领唱龙船歌，扒龙舟的队员们随声附和吟唱，歌词并非全是即兴所作，能统一吟唱充分说明村民们熟悉龙船歌。笔者后来在沙尾村的村委会办公室，观察到从一楼到二楼，墙壁上到处张贴着"龙舟"文化的图片，展示着有扒龙舟流程以及沙尾村的历史和龙船歌的内容，龙船歌的内容体现了兄弟感情以及祭祀情感。

领唱龙船歌的人领唱，参与划龙舟的人跟着齐唱和附和。传承人提前准备好一支青色的竹枝，枝头上挂着装有青绿色的草或农作物的网，里面还有根红色的绸缎。青色表示庄稼的颜色，意味着农业丰收，红色寓意着吉祥

---

① 刘君荣.仪式传播：两岸共享身份和文化仪式的确立[J].新闻战线，2020(7)：100-101.

如意。现场很多人都尝试着在龙舟上划上两圈,有的人表示"扒龙舟很累的。没有体力根本就不可能扒龙舟"。此外,要想成为扒龙舟选手,首先必须学会游泳。因为人在水中游,说不准会出现意外情况,会游泳是保证生命安全的前提条件。现在浈江边的龙舟赛不再像以前那样崇敬神灵,似乎更在乎愉悦村民自己,站在岸边的男女老少通过参与燃放鞭炮、观看比赛、加油呐喊,甚至亲自体验将自己融入划龙舟的共享意义中。

扒龙舟仪式举行过程中方圆几公里乃至几十公里的村民步行或骑摩托车前来观看,对岸还有舞龙舞狮参与庆祝,岸边的鞭炮声响彻云霄,孩童们也参与到放鞭炮中,所有的民众都通过参与活动强化自己的集体身份认同,通过呐喊为自己所属或心所向的龙舟加油。每年扒龙舟都在唤醒与强化民众的集体记忆,尽管仪式上相比传统龙舟简化,人员组成上已经不再局限于村落里的村民,参与队伍已逐渐呈现出泛化趋势,有些船只的参与队员已经"半职业化",但是扒龙舟的精神依然留存在民众心中。仪式流程的固定程式蕴含着精神信仰依然留存。

涂尔干认为,一项成功的社会仪式能够使参与的每个人都感受到自己的成员身份,感受到力量和充满激情。精神情感上,大家对扒龙舟的热爱确实不容小觑。沙尾村在村委办公楼专门设立了摆放龙舟赛中获得的荣誉奖章的展柜,随时观看展览,使村民在互动中完成对自我身份的认同。

在精神信仰层面,一方面,民众深知运动技术训练对扒龙舟的重要性,没有强化的训练技术与体力跟不上,很难获奖,更别说为村里争光;另一方面,因为经济因素,不少队员表示要有训练费才能够参加训练,毕竟大家都要养家糊口,在参与扒龙舟的传统活动中,爱好扒龙舟与获得经济利益不能完全撇清关系。毕竟有的训练队不参加训练也能来参赛,完全是为了获得那一天的训练费,也有村民在参与组织龙舟赛过程中因为经费产生矛盾。笔者禁不住想探明究竟,"扒龙舟是一项集体性运动,需要团结一致,你们中间出现了纷争,怎么还能在一起扒龙舟呢?"ZGQ 在跟笔者交流时,很骄傲地说，"其实扒龙舟不是钱的问题，就是为了给村里争气"。

粤北龙文化的舞龙仪式或者扒龙舟活动复兴，首先在于新的时代背景下倡导民众信仰自由。文化场域的复兴给舞龙或者扒龙舟提供了展示的场域空间，物质器材上，舞龙的器材要么已经不复存在，要么依然保存着传统的原生态，制作材料与工艺不创新，很难适应现代社会；扒龙舟的物质器材完全适应现代社会竞技体育的需要，从物质形态上造就了文化变迁。物质条件是文化变迁的基础，扒龙舟的物质基础已经改变，为思想变迁提供了客观条件。

2.活动规则

在延续传统中融入现代成分。犁市镇扒龙舟已经从传统龙舟演变成传统龙舟与现代竞技龙舟相结合的形式。一方面，龙舟协会负责人需要与体育局沟通协调，组织现代转型的龙舟竞赛，按照国家体育总局的赛事规则进行。另一方面，如果体育局不组织赛事，协会负责人会以传统扒龙舟传承人的身份组织传统龙舟赛，先在有扒龙舟传统的村落通知，让村委负责联络愿意承接组织村扒龙舟工作的负责人，商定赛事时间和地点，组织扒龙舟训练，安排一系列事务活动，并按照传统龙舟赛时间进行洗码头、走亲戚、赛龙舟、斗贝、吃龙舟饭等活动。此外，在市里参加比赛遵从市里龙舟竞赛的规则。扒龙舟成绩好的会邀请大家一起聚餐，甚至去唱歌。活动结束一般会公示收支账目，让龙舟参与者和捐助者对经费心中有数。

第六章

粤北民俗体育龙文化传承的特征与价值

粤北位于广东省北部地区,历来就是华夏之地,又是中原南迁的重要关口,这里的风俗习惯既具有中原特色,又具有岭南文化特征。龙文化更是在粤北不同村落形成了自身的特色。笔者结合民俗学、体育文化及文化变迁理论对其进行了文化特征分析。

第一节　粤北民俗体育龙文化的特征

民俗学理论认为:民俗体育是指一个国家或民族中,由广大民众所创造、享用以及传承的特殊的体育文化形态①。文化变迁理论的奠基者爱德华·伯内特·泰勒是文化进化论的先驱,他通过传教士以及探险家的描述寻找人类文化相似性的来源,从关注文化传播转向文化进化,博厄斯根据前人观点提出了文化特征集中的"文化区",本节从龙文化的视角来探索粤北民俗体育的特征。

一、崇拜神灵和祖先

崇拜神灵和祖先是从民俗体育的历史性上展示出来的外部特征。我国民俗体育龙文化历史源远流长,早在董仲舒的《春秋繁露》中就记载了汉代有舞龙求雨的祭祀活动,比如春天舞青龙,夏天舞赤龙和黄龙,秋天舞白龙,

---

① 涂传飞,余万予,钞群英.对民俗体育特征的研究[J].武汉体育学院学报,2005(11):6-9.

冬天舞黑龙。粤北不同村落具有不同时长的村史,比如舞板凳龙的新田村从西晋南迁,已有1700多年的历史;舞香火龙的白竹片村,虽说舞龙历史只有100多年,但最早的祖先迁徙到这里也有300多年了。纵观整个粤北舞龙的村史,大多始于明清,历史发展过程中传承着崇拜神灵和祖先的习俗。

舞龙起源很早,上古时期就有春夏设土偶龙、木偶龙祈雨祭龙的仪式。《春秋繁露》记载,汉代民间春雩的形式为:在城东放七条四丈长的小青龙,由童子八人、田啬夫八人在龙旁跳祈雨的雩舞。汉代宫廷戏中有舞剧叫作"鱼龙",又名"黄龙变"。《汉书·西域传》记载:武帝"作漫衍鱼龙之戏"。大约在隋唐,鱼龙之戏雨春雩祭龙结合,成为正月十五的助兴节目。后世与迎神-送神仪式并行的,还有迎祖-送祖活动。

《梦粱录》记载:以草缚成龙,用青幕遮草上,密置灯烛万盏,望之蜿蜒,如双龙飞走之状。《岭南杂记》记载:潮州灯节,有鱼龙之戏。舞龙一般为二龙戏珠。各地舞龙的龙阵游要时莫不被围堵燃鞭、放炮,均含有烧龙的意味。从这种意味上来说,正月的"龙"就是火龙,是掺入了火神祝融形象的龙。近世舞龙还隐含着祈求生育和祛病的意思①。

粤北民俗体育龙文化的几个典型案例,白竹片村的香火龙、叟里元村的九十九节龙、新田村的板凳龙,都是源自"龙图腾"以及"龙神信仰"。龙舞产生于宗教祭祀,自上古祈求风调雨顺、愉悦神灵乃至身手相接形成,在汉代已经基本定型。南雄南迁第一村"新田村"素有"先有新田村,后有浈昌县"之说,西晋时李氏先祖李耿为西晋太常卿,携家带口驻扎在这片沃土上,繁衍生息、世代相传,十一世李金马开创了南雄人文之先河,这个村庄成为读书世家,读国学、太学等80多人,儒隐100多人,成为南雄州各村之首。基于这个村特殊的历史,盛行的李氏姓氏节在这里生生不息,板凳龙因此在这里诞生,一是为了纪念祖先,二是为了愉悦民众,三是能够愉悦身心。

---

① 张君.神秘的节俗:传统节日礼俗、禁忌研究[M].南宁:广西人民出版社,2003.

百顺白竹片村的祖先最早来自江西,迁徙到百顺落户。舞香火龙与中原的舞稻草龙如出一辙,它充分利用生活常识,将人们烟熏蝗虫的香火点燃,既与传说故事同源同根,又能表达百顺先祖"香火相传,百事百顺"的美好愿望。

二、时间与空间依赖性

文化空间或者说文化场所本身,是指具有文化意义或者性质的物理的空间、场所、地点等①。有学者认为文化空间包括构建的空间、实体活动的空间、社会的空间,以及人们可以感知到的空间②。

1.粤北民俗地区龙文化对时间的依赖性

不同的龙文化依赖不同的时间段,比如白竹片村的香火龙,主要依赖春节,从正月初一到正月十五会举行舞香火龙,也有村落舞香火龙在"禾斋节",主要是六月六日举行的庆祝青草与稻谷成熟之间一切顺利的庆典活动;九十九节龙选择七月七日,中国传统七夕习俗日,与"牛郎织女"的爱情节日同日;板凳龙依附于李氏姓氏节,活动一般安排在九月一日到九月十三日这个时间段;还有延续几千年的纪念屈原传说的犁市镇扒龙舟,一般依赖端午节,即五月初五。龙文化的活动时间依赖"传统节日",与中国传统相伴。

2.粤北民俗地区龙文化对空间的依赖性

不同的龙文化来源不同,依赖空间各异,比如舞香火龙依赖的空间为生产稻草的有"龙除害"传说的场域,有庙宇有祠堂,还有特定的舞龙"线路";

---

① 向云驹.论"文化空间"[J].中央民族大学学报(哲学社会科学版),2008(3):81-88.
② 李仁杰,傅学庆,张军海.非物质文化景观研究:载体、空间化与时空尺度[J].地域研究与开发,2013,32(3):49-55.

扒龙舟依赖的空间为与河、江等相关的有龙舟传说且有传承传统的物理空间。除了物理空间之外,其实所有的龙文化都因此建立起一定的社会空间,将家族或村落的过去、现在与未来联系起来。

三、宗族血缘连接性

宗族是以血缘为核心的家庭共同体,是中国传统社会的基本单元,是构成整个社会结构的基础①。粤北地区龙文化活动基本上都是以家族姓氏为单位参与,比如百顺镇白竹片村的舞香火龙。舞香火龙的三个村落是基于三户人家发展起来的,每家都建有家族祠堂,祠堂是以血缘关系建立起来的具有宗族文化的物质承担者。从这些祠堂中出生、成长起来的人,对龙文化有着根深蒂固的情感。在调研过程中,笔者得知香火龙第四代传承人因为传承人经费问题与村里人之间发生了或多或少的纠葛,但在 2020 年春节舞香火龙的现场,他儿子依然忙着参与到扎龙准备活动和扎龙活动中。还有在扒龙舟活动中,犁市镇有些村庄的老人年年都盼着观看龙舟赛,即便有时龙舟赛是在远离村落的其他地方举行,他们也会自己或者让儿孙辈带他们去观赛,给自己的龙舟队员加油打气。在他们眼中,即便自己不参赛,观看龙舟赛也表明自己是宗族的一分子。龙文化成为民众宗族血脉相连的纽带。

四、多样性与集群性

1.多样性

多样性是指粤北民俗体育龙活动的种类多样,主要体现在龙文化活动

---

① 周大鸣,黄锋.宗族传承与村落认同:以广东潮州凤凰村为中心的研究[J].文化遗产,2017(6):80-86,158.

的时空多样、材质多样、形态多样以及玩法多样。从开展龙活动的时空上来看,白竹片村舞香火龙在春节期间举行,古夏村的舞香火龙在六月六日"禾斋节"举行,叟里元村的舞九十九节龙在七月七日举行,几乎所有民间扒龙舟都在端午节期间举行。从龙的材质上来看,香火龙采用稻草制成,九十九节龙采用缎布制成,板凳龙和龙舟主要用木头制成。从龙的形态上来看,香火龙通常长9.9米和9.8米;九十九节龙强调龙头的尺寸和重量,长99节,总长度为399米。从玩法上来看,九十九节龙人数众多,主要是举着龙巡游,而舞香火龙会采用各种各样的步伐,有时碎步,有时跳步,有时弓步,让香火龙在夜空中似龙翻腾,绚丽多彩,栩栩如生,增添趣味。

2.集群性

集群性是指通过龙文化活动将人们积聚在一起。无论是舞香火龙、九十九节龙、板凳龙,还是扒龙舟,既有直接参与者,即参与扎龙、舞龙、敲打锣鼓等活动,还有在龙文化活动过程中参与相关准备活动和辅助活动的相关人员。此外,参与龙文化活动的间接参与者,包括观众、媒体等。龙文化活动将不同身份、不同阶层、不同年龄、不同性别的人群积聚在一起。

五、娱乐性与竞技性

娱乐性是指民俗体育龙文化活动中,人们自愿、自主参与愉悦身心的活动。荷兰文化史学家约翰·胡伊青加认为,娱乐具有下面三种因素:自由、自愿参与;非日常性和非生产性;具有竞争性、不确定性。从参与的自愿性上看,无论是舞香火龙大家自愿梳理稻草、上山挑选毛竹,还是扎龙与烤香,甚至参与后勤工作帮忙收拾屋子,大家都觉得有义务,愿意自觉自愿地参与。还有扒龙舟的参与者大多为了扒龙舟从单位请假回来参与,观龙的人从十里八乡赶来参观。从非日常性上来看,无论哪种龙文化活动都依赖节日,并不直接具有生产性。从竞争性上来看,粤北舞龙活动由于种类不同,传统龙的竞技性表现不足,但是龙舟活动中明显存在着村与村之间龙舟划得快慢的技术比拼,某种程度上也是宗族或者村之间的实力比拼。

六、文化共通性与创新性

文化的共通性在于民俗体育龙文化进行的舞龙或者扒龙舟的实践活动。从龙文化的发展进程来看,它产生于与自然界互动的客观实际,龙神信仰深刻于心,共同处于农耕文化的时代有所发展。虽然所处的地理位置不同,文化距离有差异,但是它们共同的特点都在于从娱神过渡到了娱人。

哈默·巴尼特认为,"创新是整个文化变迁的基础"。变迁的研究者们都认为创新具备四种形式,即渐变、发现、发明和传播[1]。而文化传播是排斥和反对进化论的,认为进化论忽略了人类迁徙带来的传播与借用,无视文化的借用多于发明,不同文化之间具有相同性是因为文化圈交流互动、互相借用或产生涵化的结果。文化传播论虽然注重强调文化的传播作用,但是以格雷布纳和施密特为代表的德奥传播论主张"文化多中心论";以里弗斯和佩里为代表的英国传播论主张文化单中心论;以威斯勒和克罗伯为代表的美国传播论提出了年代-区域假说,认为文化区域不同的环境因素相关,考虑文化与环境适应相关[2]。珠玑古巷旱龙船就是南雄人民根据自己不靠江河无法划龙舟而创编的划旱龙船。舞香火龙从五节、七节到九节,人们根据现实需要不断创新,在器材尺寸上,由过去的9.8米(母龙)改编成8.8米、6.6米,依据参与人数改编舞香龙的节数与尺寸。

七、美感特征

粤北龙文化尤其是龙舞所展现出来的是变幻多样、美轮美奂的香火龙

---

① 克莱德·伍兹.文化变迁[M].施惟达,胡华生,译.昆明:云南教育出版社,1989.
② 章立明.个人、社会与转变:社会文化人类学视野[M].北京:知识产权出版社,2016.

动作,令人心旷神怡,整个舞龙仪式程序中各种装饰与搭配,各种流动的路线,都呈现出美感。

首先,舞龙意境美。舞龙者身在其中,"游龙"类动作,从简单的直线行进、曲线绕行进、快走圆场等,发展到空中动作定型,都是舞龙者的身体姿势随着龙节的高低起伏而变化,或圆滑流畅,或快或慢地流动,或上或下进行起伏,忽左忽右翻滚,使舞龙运动过程充满生机勃勃的动感。大致说来,"慢行进""跑圆"动作是一种优美——婉约之美、阴柔之美,"穿越、腾跃"动作是一种壮美、雄浑之美、阳刚之美。艺术表现上,让人心旷神怡。

其次,在动作形态上,舞龙者作为中华民族精神信仰的载体,以强大的气势和动力挥舞于天地间,以舞动龙头、龙身等有限的躯体表达无尽的精神力量。舞龙者无论是舞香火龙、九十九节龙还是板凳龙,都气势如虹,不仅人数众多,而且加上锣鼓等乐器,让舞龙立于天地之间。不同的动作、造型给人带来不同的张力和质感象征。各种龙舞动的龙身给观者留下无尽的遐想,龙头中的"点睛"仪式,是通过点睛来传情达意,表达龙身的喜怒哀乐,舞龙运动通过富有韵律的变化和富有力量的呼吸动作表达出龙的形象的神态和情感。龙头、龙身、龙尾协调一致,左右翻腾,上下起伏,以活动着的"线"蕴藏着无穷意趣和宏大气势,具有高度审美价值。

再次,粤北不同村落的不同形态的舞龙都呈现出虚实相生的美学特征以及艺术特征。有时候龙腾虎跃,表现对龙形象的欢呼,表达对国泰民安的祈福;有时候云游四方,表示龙的礼仪礼节。无论是舞香火龙、九十九龙还是板凳龙,舞动者在舞动的过程中都应该尽量忘却自己所处的位置,心怀对龙神崇敬的心情来舞动,不知不觉将观者融入其中,与舞动的龙一起共享其中的意义。不同村落的舞龙运动呈现出极具地域特色的意境美。但无论舞哪种龙,都需要讲究"虚实结合"。

最后,舞出健康美。舞出形态,舞出气势,舞出健康来。形体美是通过人体具有韵律的动作表现出来的,舞龙过程中通常伴随着锣鼓、钹镲的节奏,是一种自然美的外在显现。通过舞动者的形态差异形成错落有致的形态,形成了一种整体性的形状美。另外,舞龙过程中表现出来的健壮有力、和谐统一,体现了健美的身体、娴熟的舞龙技艺,增强了舞台效果,体现了中华民族精神。

除了形态美、健康美,舞龙者还需要注重舞龙运动中"圆"的呈现,"动韵静势"的展示以及充分利用音乐伴奏,编排设计舞龙套路,懂得自身的舞龙技术以及与人体运动状态结合起来,保证在额状轴、矢状轴和垂直轴上的动作方向与态势,体现中华民族更具生命力、自强不息以及团结奋进的精神。

第二节　粤北民俗体育龙文化的功能

体育文化的功能从属于文化的功能,与文化的概念、特点等具有直接联系。民俗体育既是体育又依托于民俗,它具有文化功能、健身功能、经济功能、教育功能、娱乐功能。

一、文化功能

1.唤醒文化记忆，传承民族文化

民族文化是一个民族、国家或者是地区的集体记忆。德国学者杨·阿斯曼在 20 世纪 90 年代首次提出"文化记忆",他希望人们想清楚"我们是谁,我们从哪里来和我们要到哪里去"的文化认同性问题①。

粤北民俗体育龙文化本身是一种文化符号,是集龙的传说、民间信仰、地方智慧、聚餐娱乐为一体的民俗文化体系。其中,神灵信仰和敬效天法构成了整个内在文化体系的支撑系统,特定的龙文化空间和场域以及乐器都

---

① 王霄冰.文化记忆、传统创新与节日遗产保护[J].中国人民大学学报,2007(1):41-48.

成为龙文化的象征交流系统。仪式、村落交往以及龙文化表演构成了整个龙文化的实践体系。

龙文化本身就是戏剧性的文化表演,在龙文化的各种仪式中,政府扮演导演角色,对龙文化的挖掘、整理、保存和传承进行设计和宏观调控。龙文化的主体是民众,传承人和乡土精英在其中扮演着至关重要的作用,起着关键性的作用。他们是龙文化活动开展的策划者,龙文化仪式的参与者、见证者、传承者,共同成为集体记忆的承载者。龙文化仪式的深层结构源自传统民俗体育文化。民俗体育价值的普遍性在于,一切体育文化形态的价值本体,体现并映射于其对人类社会生存与发展的意义。龙文化的特殊性在于,其诞生、成长、兴盛、衰落以及被重新发掘、改造、服务社会的意义,都围绕着它们自身的功能定位满足于历史时期的需求。马克思曾说:"人类自己创造自己的历史,但是他们并不是随心所欲地创造,也不是在他们自己选定的条件下创造,而是在直接碰到的、既定的、从过去继承下来的条件下创造。"

文化记忆的文字即神话故事或传说,包括一个社会群体共同生活的过去。无论是文字还是仪式,只要文化记忆发挥作用,它就能够持续;如果文化记忆不再发挥作用,文化主体也将逐步消失。涂尔干在《宗教生活的基本形式》中,强调了仪式对于个体社会化过程具有不可小觑的作用。在他看来,仪式随时随地都存在,是建立群体必须具备的最基本的社会组织形式。以玛丽·道格拉斯等为代表的象征人类学,把仪式研究放在非常重要的位置,认为仪式是传达意义的象征行为,强调表演性质是文化记忆理论体系中的符号,有两点必不可少:一是族内成员需全部到场,亲自参与;二是上演群体的历史以及程式固定化,庆典仪式成为文化的"仪式纽带"。龙舞为祈求风调雨顺、五谷丰登、人丁兴旺等美好愿望在中华民族大地上传承,粤北地区的龙舞丰富多彩,在传承传统文化上起到了丰富民族传统文化的作用。

2.凝聚民众情感，加强文化认同

粤北民俗体育龙文化借助传统节日，展演龙舞和扒龙舟的仪式，将龙舞仪式与族谱相连，唤起民众的族群意识，强化对家族文化乃至族群文化的认同。仪式依附传统节日而存在，节日里民众作为仪式呈现的主体展演仪式。舞龙自上古祈求风调雨顺发展到现在，依然具有教化、规范、维系、调节等方面的社会功能。金狮水村小组长 YFQ 说："香火龙是我们祖先留下来的遗产，我们这里的老百姓都想看香火龙，希望不要失传，这是国家级非物质文化遗产项目，是祖先留给我们的珍贵遗产，不能弄丢了。"这充分说明舞龙也好，扒龙舟也罢，这种伴随着民间传统习俗的民俗体育活动能够愉悦身心，凝聚民众情感，传承传统文化，加强村民的文化认同。

二、健身功能

粤北民俗体育龙文化的健身功能得到广大民众的认可。舞龙能发展人体运动能力。例如，舞九十九节龙要求舞龙者体格强健，最好是高大英俊，不仅从身体素质上提出了要求，还需要人品好，即德才兼备。舞龙头的人员还需要提前交由巨龙古庵理事会筛选。龙头起着教练员的作用，引带龙活动开展。

舞香火龙需要舞出"流行线"，龙把需要上下翻滚，左右摆动，才能舞出香火龙翻云覆雨、星光闪耀的灵动，特别是舞香火龙的套路动作，需要经过长期锻炼才能完成。舞龙套路运动属于大负荷强度的运动，舞龙者必须具备良好的心肺功能和优良的身体素质，经过长期的锻炼才能达成。如上肢要有较好的耐力素质和力量素质，以便长时间地握住撑杆舞动，舞出韵律、舞出花样，在舞动中舞龙者要克服龙具、惯性和空气等形成的阻力，在此基础上需要强健的体魄做支撑。另外，要完成各种闪展腾挪等技术动作，尤其对于手持龙珠和龙尾者来说，下肢也需动作灵敏、配合协调，在舞龙时才能够把龙舞得流畅自如。第五代传承人 ZXL 说:"舞龙者并非谁都能胜任,在舞动过程中负责人需要观察舞动的节奏,如谁力量不够,需要及时将其替换下来。"舞龙时长时间举起龙把需要较强的手臂力量和耐力,在舞龙过程中与舞龙队员协调配合,腿部力量需要跟得上整体龙队队员的脚步动作,步伐移动与下肢力量以及耐力密切相关,参与舞龙能够锻炼舞龙者的身体素质,提高舞龙者的心肺功能及力量、速度、耐力、柔韧、灵敏、跳跃等素质。白竹片村的村民在舞龙过程中齐心协力进行舞香火龙的展演,配合音乐有节奏地起舞。凝心聚力展现惟妙惟肖的香火龙,如果不能齐心聚力,很难将香火龙舞得活灵活现。人们无论是在展演还是观看过程中都能够愉悦身心,享受民族传统体育带给人们的精神享受。舞龙运动在全民健身活动推广中,起到越来越重要的作用,成为全民健身过程中不可缺少的一项群众喜闻乐见的民族传统体育运动项目。龙舟文化的健身价值体现在划龙舟竞赛需要讲究划桨速度、划桨人齐心协力奋力向前,是全身性的运动。

扒龙舟对民众的健身作用也是不言而喻的。在田野调查过程中,笔者询问队员是否进行了体检,他们笑着说:"体检?我们都很健康,身体素质好,不是谁都能加入龙舟队的,需要身体健康才行。"最近几年为了在龙舟赛中取得好成绩,有的村落的龙舟队员坚持每天训练五六个小时,经济条件较好的村落组织队员训练一个月左右,极大地提高了训练队员的心血管、呼吸系统的功能,以及适应高温天气在户外运动的能力。他们也坦言每年刚开始扒龙舟时由于缺乏锻炼,有些队员会因为不适应产生呕吐现象,不过经过一段时间的训练,身体素质得到明显提升,能适应高强度训练。总的来看,龙文化活动的健身功能得到了广大民众的认可。

三、经济功能

民俗体育龙文化对经济有一定的推动作用,比如发展粤北民俗体育龙文化相关产业,增加民众经济收入,通过发展民俗体育产业提供更多的就业机会。

在调研过程中,笔者发现不同的龙文化或强或弱具备着经济功能。比如在扒龙舟赛中,有队员介绍"如果比赛取得名次,获得奖金会进行分配,去参加比赛的开销如车费和住宿费由主办方承担,获取的奖金由龙舟队队员们享用,第一名8.8万元,第二名8万元……2020年,我们拿了第二名,获得8万元奖金,按照贡献大小进行分配"。这充分说明奖金是可以用于队员之间分配的,能够为农村的打工者增加收入。在粤北地区犁市镇调研过程中,参与训练的运动员一再申明扒龙舟是因为爱好,但是几乎每个队都表示,"没有训练费很难组织训练以及组队参加比赛,其中确实不乏其例,一是基于愉悦身心,交朋结友,享受快乐,参与其中;二是基于政府鼓励全民健身,打造龙舟赛事品牌,鼓励组织更多的人群参与,采用拨付给每个参赛队一定参赛费的激励机制"。

白竹片村舞香火龙,由于香火龙已被评为国家级非物质文化遗产,有旅游公司拟与白竹片村签订合同,每年先扎制草龙放在旅游公司,旅游公司以一条龙7000元的方式请村民扎龙。村民通过扎香火龙、舞香火龙获得一定的经济补偿,增加经济收入。村民期待有人定制香火龙,再进一步发展相关的产业,比如建设香火龙传承基地,制作与香火龙相关的装饰品、纪念品以带动农产品的销售,增加农民的收入,丰富农村的日常闲暇生活,让生活变得更加美好。从现有的发展形式来看,龙文化初具经济功能,由于民俗体育产业发展不旺,经济功能显现得不明显。

四、教育功能

舞香火龙的套路有"双龙戏珠""跳跃龙门""双龙出海""云游四海"。表演时有一位站在中央的老者舞动龙珠(火球)逗引双龙出场,舞龙者双手举着火龙,脚下踩着"龙""虾"步伐,浑身金光闪闪,云游四海的龙身在夜幕中狂舞,时上时下,飞舞翻滚,动作流畅,形态逼真,迅速异常,场面非常壮观热烈,高潮时火龙飞舞,星光闪烁,流光溢彩,宛如彩练腾空。舞香火龙有着很强的教育价值,其本身就具有一定的教育意义,同时担负着传播中国民俗文化和龙文化的重任。舞龙运动有着鲜明的地域性和民族性,易于培养青少年的民族情感和文化认同,而民族精神恰恰是素质教育的重要内容,这促使舞龙运动一直深受人们青睐。从事舞龙运动,需要加强力量、协调、灵敏等身体素质,通常只有训练有素的人才能扛起舞香火龙的大任。体育强,则国强,龙文化活动非常重要的功能就是促进健康,提升身体素质,进而提高全民族的素质。

对于舞龙者来说,为了使整条龙流畅地运动,就必须刻苦训练,克服困难,勇于拼搏,同时作为集体项目的粤北舞龙,每节龙都是整体龙不可分割的部分,需要每名队员付出应有的努力,学会观察和照顾同队队员的表情和情绪。

舞香火龙产生于粤北地区,是地域性民俗体育文化,自产生以来深受民众喜欢,寄托着民众的民族情感,与中华民族的传统文化一脉相承,敬宗孝祖,和睦团结,勇于竞争,既锻炼身体,增强体质,又培养爱国爱家的情怀。龙是中华民族的象征,是祈求风调雨顺、五谷丰登、吉祥如意的神灵象征,也是生命的象征,象征着生生不息、久久长长的生命期待。九十九节龙象征着多民族融合统一,我国仁者爱人的主体观、天地合一的哲学观,动作技能与身体素质完美结合的身体观。了解、掌握龙文化,能激发粤北民众的民族自豪感,培养他们对粤北地域的文化认同,教育他们传承地方传统文化。

五、娱乐功能

舞香火龙作为一种集观赏性和娱乐性为一体的民间体育活动,从一开始便有着很强的自娱性和娱他性,因为参舞者和观舞者都能够通过舞龙运动来娱乐身心、陶冶情操、健身休闲,满足于精神愉悦。从自娱性上看,为了舞出龙的神韵与气势,从举起龙把跑起碎步就要舞出"龙神"状态,把它的气宇轩昂展示出来,如虾步、小跑步以及上下翻滚,头尾一致,都会给参与者愉悦的身心体验。从娱他性来看,观看色彩斑斓的九十九节龙、香火龙、板凳龙,让龙栩栩如生,哪怕间接参与,也能体验舞动节奏、翻滚龙形。

龙文化的交往价值异常明显。无论哪种龙文化,都具有互动性强,交往、共享生命意义和价值的功能。舞香火龙的白竹片村,人们在一定体育规则和体育道德的规范下,拓宽社会人际交往的渠道,发展良好的人际关系,消除人们因地理、生活方式、文化传统等差异带来的障碍。舞香火龙当日,村里准备了"村宴大餐",欢迎白竹片村的村民以及外来客人聚餐。村委组织村民购买丰富的食品和蔬菜,村民们从四面八方赶回来,自觉加入舞香火龙相关活动之中。男人们自觉地上山砍竹子、挑茅草;女人们帮忙择菜、做饭、烤香,大伙齐聚在一起,谈天说地拉家常;孩童们跟着老人学打锣鼓,金狮水、大片村、吊公寨等三个村子的村民齐聚在金狮水村,"以龙会友"。有些年轻人从佛山、东莞回到百顺,参与舞香火龙活动,享受在古村落的美好时光,传承延续百年的习俗。有村民介绍:"我们只要在家,都会参加舞龙,舞龙是我们从小就喜欢的传统活动。"舞香火龙为三个村庄的村民交流提供了平台与机会,有助于改善三个村落村民之间的感情,以及村民之间的团结互助。从某种意义上来说,舞龙已经不仅仅只是一项简单的舞龙运动,还是人与人交往的一种媒介或载体。以舞龙会友已成为古村落延续多年的传统,人们乐在其中,快乐无穷。

此外,犁市镇扒龙舟同样如此,从扒龙舟组队,村民们从四面八方回到村里,抑或为了组队训练,下班后从远近不同的地方齐聚浈江河边,龙舟的"扒手"们主要感受到愉悦。在传统村落的龙舟中"走亲戚",村与村之间互动交往,给广大民众展示友好邻村的形象,无数村民涌到浈江河岸边,观看扒龙舟。总体来说,现存的龙文化能够满足村民对热闹农村景象的需求与期望,具有愉悦身心的作用。

第七章

粤北民俗体育龙文化的发展困境

　　龙文化既是中华民族的，也是全世界的。在信息化、科学技术化快速更迭，加速促进全球化发展的时代背景下，不同的文化传统之间碰撞、冲突、对话、交流、融合，已逐步成为人们日常生活的一部分。民俗文化也不可避免地经受世界文化的影响和冲击，但需要保持自身的鲜明特色和思想内核。

第一节　保持原有的住房格局还是重新规划

　　结构功能主义认为，社会秩序的形成和维持是基于社会各个组成部分在结构和功能上的吻合，如果社会的结构分化就会导致社会秩序的瓦解。粤北民俗体育龙文化所在地的住房格局有几十年甚至上百年维持不变的住房结构，也有因为一些历史事件造成的住房整体结构打破，它们变迁的规律如何呢？

　　克莱德·伍兹认为：社会地理环境的改变将影响民众的思维模式和行为模式，这是文化变迁的前提条件①，对于生活在粤北地区几百年甚至上千年的古村落来说，地理环境并没有因为时间的推移有所改变。

　　粤北是典型的龙文化所在地，最早这个村落由两兄弟慢慢发展。后来搬进来的三个姓氏的人家在这里安家开荒，发展成为三个村庄。三个村庄创编出来的香火龙，活动与住房格局密切相关。由于珠玑古巷历史上发生

①　克莱德·伍兹.文化变迁[M].施惟达,胡华生,译.石家庄:河北人民出版社,1989.

三次大规模南迁,造成多姓氏、多宗族聚集在叟里元村形成了"巨龙"即九十九节龙,素有"中原南迁第一家"新田村的板凳龙,还有在浈江河畔滋养的传承上千年的扒龙舟,由于地理环境不同,住宅格局各异,龙的形态各异。

一、住宅格局稳定

住房格局稳定是否是民俗体育龙文化传承的前提条件? 居住习惯一般跟住房的设施、造型以及分布等有关系。农村的住房一般来说是坐北朝南,百顺镇的白竹片村也不例外。村庄基本上都是背靠青山,正门走进去两侧的房间,每个房间都配有房门,层层叠叠,两排房屋之间有明显的高低层,可能类同于费孝通先生在江村调研时发现的"差序格局"。笔者在乡村调研时,发现百顺镇白竹片村的住宅远看一户不太起眼的农家,走进去会有层层叠叠的平房,虽然平房里居住的是普通人家,但是普通人家之中仍然存在着辈分等级差异。从住房的平等与层级能够看得出这个村庄延续几百年形成的长幼尊卑关系。在多次田野调查中,笔者发现从南雄经过山路十八弯,到达百顺镇后还需要经过弯弯曲曲的山路和两三公里的竹林才能到达,总行程58公里,是一个相对闭塞的小山村。随着村民外出务工、求学,在镇上或者珠江三角洲落脚、驻扎,购买住宅,安居新家。年轻人基本上不回村庄住了,老祖宗留下的住宅紧凑、狭窄,只有年长的老龄人习惯住在这里,能够长守村落的老龄人并不多。原来的住房格局似乎没有变,变的是年轻人甚至老年人都住进了城镇,房子还在,斯人已去,村庄逐渐空心化、荒芜化。

克莱德·伍兹在《文化变迁》中指出:城市与农村有着必然的联系,但凡离城市越近,联系越紧密,变化就越大①。从百顺镇白竹片村的住宅情况来看,即便是老年人,他们都是每天穿梭于农村与城镇之间。城镇是创新的基础,镇上每天都有通向城市的车,集镇上人来人往,熙熙攘攘,不知不觉中或

---

① 克莱德·伍兹.文化变迁[M].施惟达,胡华生,译.石家庄:河北人民出版社,1989.

多或少接受城镇信息的熏陶,尤其是人们长期往返农村与城市之间,难免不受到现代社会信息的冲击。住房格局百年不变,变的是人员的流失。住房格局未变,生产生活方式未变,舞香火龙的物质文化也没有产生任何变化,但是精神文化上已经发生了变化,不再是当初的祈求风调雨顺、五谷丰登等朴素的思想,已经转变成对市场经济的适应和对现代美好生活的追求。

二、住房结构解体

俗话说,"聚居同族一家亲,不是太公即侄称"。粤北地区大多数人家都是从中原迁移过来,属于客家文化,家族观念特别强。并且很多村落以姓命名,比如黄屋、侯屋、赖屋、王屋等。2006 年的洪水造成侯屋村整个村庄受灾,在政府动员搬迁时采用了各个击破的策略,先做通部分公职人员的思想工作,实行"干部带头,群众加油"的工作方针,动员党员干部机关事业单位公职人员的家庭先带头搬迁,再引导其他村民按照地方政府的部署进行搬迁。在执行过程中,有部分村民认为政府指定的地方不好,在搬迁选址上出现了意见分歧。有部分村民自作主张搬到了自认为好的地方,与政府规划的搬迁地址没法统一,鉴于村民受灾后恢复重建不易,基层政府只好听之任之,但在供水供电等配套设施上没法给予优待,以致有些住户长期存在用水用电困难的问题。住房结构在特殊情况下解体,洪灾过后,各家都忙于自家的家庭建设,以经济为中心,想方设法以勤劳苦干增加收入,经营新建的小家,无心也无精力考虑扒龙舟的事宜。此外,新建的房屋分别位于几处,不同于过去聚居村。大家很难聚集在一起,人心由于物理距离产生了隔离,传承扒龙舟产生了深远影响。

住房格局的稳定与否,换句话说,其实无论房屋格局变还是不变,人们的思想观念都发生了质的变化,过去的大家庭开始解体,现代社会逐渐过渡到以核心家庭为基本单元的小家庭,对民俗体育龙文化产生着冲击。

第二节 谁是民俗体育龙文化的权威

民俗体育龙文化属于中国传统优秀文化的重要组成部分,大多数被列为不同级别的非物质文化遗产,在传承与发展过程中遇到瓶颈,城镇化与弱经济性使民俗传统体育龙文化生存困难。民俗体育原本生于民间、长于民间,传统文化的自信与民众的"文化自觉"之间存在着矛盾。

一、政府主导

政府主导是政府设有专门的管理民俗体育文化的机构,并且对民俗体育龙文化实行全面的监控和集中管理。乡村治理过程中,政府始终扮演着重要的角色。在不同的历史时期,政府管理模式存在着较大的差异性,费孝通先生在江村进行调研时,指出乡土中国是"熟人社会",遵循"长幼有序",他是以序距格局来形容这种社会结合和人际关系的,人们之间从熟悉到信任,"礼治"成为秩序维持的基本方式。美国家族史专家古德认为:"行政机构的管理还没有渗透到乡村一级,而宗族特有的势力却一直维护着乡村社会的安定和秩序。"

随着社会政治体制改革,现在实行网格化管理,行政管理深入到镇、村、组,国家行政机关工作人员是地方政府的代言人,他们代表的是国家行政机关。在民俗体育龙文化发展过程中,一方面,行政管理部门高度重视,大型的民俗体育活动总能感觉到"国家在场"。例如每年体育局在端午节前安排龙舟赛赛事活动,村委会将赛事通知给村民们,无论在外地经商、打工还是留守在村落的村民在一起商议该如何组织参与人员、经费来源、训练起始时间和特长等,组织没有明文规定,但是组织内部却潜藏着组织纪律。另一方面,国家行政机关代言人因为某种原因,管得太宽,会出现权利"越位"的情形,给民俗体育活动带来一些伤害。在调研中,舞香火龙以及扒龙舟的村民的说法如出一辙,"关于赛事,我们不知道,要看体育局办不办""舞龙活动文化馆还没接到通知"。从村民的话语中,明显能感觉到民俗体育活动中,政府占据着主导地位,始终都能体现"国家在场",而社会组织或者民众需求被弱化的民俗体育活动缺乏活力,应该在政府主导下不断激发社会组织和民众的参与热情。

二、社会组织管理

社会组织是指政府与企业之外的民间组织,在提供公共产品和服务以及转变政府职能,重构社会秩序中发挥着举足轻重的作用。加强对社会组织的监督与管理是粤北民族地区基层社会管理中不可轻视的重要问题。粤北民俗体育龙文化在"文化大革命"期间,相关物件被摧毁,使人们在特定时间段内文化活动贫乏。十一届三中全会提出"拨乱反正",为文艺工作突破各种禁区提供了可靠的政治保障,各地政府部门积极举办文艺、体育活动,民俗体育龙文化重返舞台。所谓民俗体育,先要把握好民俗的概念,民俗学家钟敬文认为,"民俗是一个国家或者民族中广大民众所创造、享用和传承的生活文化"。涂传飞认为民俗体育是为一定民众所传承和享用的一种具有普遍模式的生活化、仪式化的传统体育文化,既是体育文化,也是生活文化①。百顺香火龙是祖先流传下来的,舞香火龙活动的正常开展早已深入人心,得到社会的认可和肯定,获得人们的欢迎和赞誉。

社会组织及民众参与民俗体育文化,是社会转型的使然。按照马斯洛的需求层次理论,人类首先要满足生理需求,才有安全需求、社会需求、尊重需求和自我实现需求。人们基本需求得到一定保障之后,就会有文化需求、娱乐需求,社会组织顺应而生。

① 涂传飞.民间体育、传统体育、民俗体育、民族体育概念再探讨[J].武汉体育学院学报,2009,43(11):27-33.

改革开放以后,市场经济快速发展。龙文化中的大多数民俗体育项目被列入了非物质文化遗产,受到国家的高度重视。政府主导有利于保护好民俗文化,那到底应该如何去组织?

2003 年联合国教科文组织通过了《保护非物质文化遗产公约》,2004 年全国人大常委会批准了关于《保护非物质文化遗产公约》的决定,2005 年国务院出台《关于加强我国非物质文化遗产保护工作的意见》,2006 年国务院公布第一批国家级非物质文化遗产的名目。在国家和政府高度重视加强文化遗产保护的背景下,应该由谁、如何组织管理和传承民俗体育? 在田野调查过程中,笔者能感觉到民俗体育权责不分的问题。例如,在组织舞龙活动或是扒龙舟活动中,村民总是习惯于说"看政府如何安排"。到底民俗体育活动是民间的还是政府的? 民众的主体责任在哪里? 是否需要文化自觉?

南雄市对历史学研究颇有造诣的 SRJ 老师说:民间的东西就不是官方的,官方管得越多就会让民众参与的积极性越低,要充分调动民众的积极性,就应该让社会组织发挥管理和监督作用,官方管太多、管理不到位会出现许多乱七八糟的"乌龙事"。

南雄市姓氏节一直是民间传承的传统节日,在举办过程中曾经发生过一些荒谬的事情。某些官员为了把民间习俗的姓氏节打造成南雄市的文化品牌,一度作出承诺,每一届姓氏节拨 5 万元经费予以赞助。第一届姓氏节政府拨付 5 万元,第二届姓氏节政府拨款 5 万元。姓氏节确实办得热热闹闹,等到第三届姓氏节时老百姓不愿意再承办,政府想要的文化品牌与老百姓自组织的民间姓氏节之间存在差距,大规模的亲朋好友聚集,如果 50 桌、60 桌,只拨付 5 万元没法维持打造品牌活动的开支。

在调研国家级非物质文化遗产舞香火龙以及扒龙舟的民俗体育活动过程中,民众所持的态度趋于一致:活动是否开展,开展多大规模,取决于政府。政府说不办就不办,政府说举办民众就按照要求积极举办,民众处于等待、观望之中,等待政府发通知,且拨付经费,否则没钱也是很难组织的。民俗体育活动演变成对政府的依赖,其生命力难以旺盛。

基于此,民俗体育文化活动应该明确政府的主导地位和职能范围,民俗体育不仅涉及民俗体育本身的事务,还涉及地方性事务的综合,政府应该营造好乡村振兴的氛围,将乡村建成"美丽乡村",留得住青山绿水,还要能承载得了乡村振兴的梦想,让农业高质量发展,让农村美丽起来,让农民富裕起来,让农民的文化生活丰富起来,让"美丽乡村建设"不是一句口号,各方措施协调好,让民俗体育回归乡村,让民间组织成为组织民间文化活动的主体。

三、有威望的个体管理

2021 年,中共中央办公厅、国务院办公厅印发《关于进一步加强非物质文化遗产保护工作的意见》,提出完善代表性传承人制度,健全国家级、省级、市级乃至县级代表性传承人认定与管理制度,以传承为中心审慎开展认定工作,对集体传承、大众实践的项目,探索认定代表性传承群体,加强对代表性传承人的评估和动态管理。

组织非物质文化遗产龙文化活动的展演需要链接政府与基层之间的"能人",2015 年中央"一号文件"对新乡贤文化予以提倡,认为他们在传承乡村文明方面具有重要作用。2016 年、2017 年、2018 年中央"一号文件"都明确提出发展新乡贤文化。新乡贤是"说话有人听,办事有人跟,群众信得过"的为乡村社会建设建言献策、出钱出力、贡献力量的典型个人。他们既可以是退休公职人员、有影响力的成功商人,也可以是积累了丰富经验的进城返乡人员。

第一类是有影响力的社会人士,即犁市镇扒龙舟的传承人。从社会关系上看,他们具有担任乡村基层干部的经历,与乡村和村民之间具有深厚的感情基础,与村民之间具有共同的精神家园。从个人能力上来看,他们不仅与各个村落的村民之间关系熟络,还能够与镇文化中心、市体育局之间取得联系,将体育局的龙舟租借给每个有传统龙舟习俗的村落。从经济基础上看,他们自身头脑灵活,参与多种经营,收入也高于一般的普通农民,并且愿意自己掏钱或者想办法拉赞助来慰劳各位参加龙舟赛的队员。从文化传承来看,犁市镇端午节扒龙舟的习俗是祖祖辈辈相传,是生活在这里的村民的精神家园,他们渴望传承世代沿袭的文化传统。由于工业化、城市化的席卷,农村的青壮年外出务工,传统习俗面临危机。而国家层面,党的二十大明确提出"传承优秀传统文化",才能筑牢中华民族伟大复兴的根基。

第二类是村里出去做生意,具有一定经济基础、较好的人际关系和组织能力,且愿意参与和组织龙舟赛的人。他们在组织龙舟赛的过程中建立了自己的威望,每条龙舟准备参赛的组织训练和一系列后勤工作都需要村民值得信赖的人出面,涉及召集队员、组织训练、经费筹集、经费使用和分配,甚至是在训练过程中为了技术动作是否正确、训练是否卖力等问题产生的矛盾进行调节。侯屋村龙舟队2019年的组织者ZGQ解释,侯屋村龙舟队组队训练期间规定每天8:00—11:00、14:00—18:30训练。组织的人并不认为自己就是"领头人",只是希望把村里的龙舟做起来,愿意比其他村民捐赠更多的经费,也有的村庄里的能人拥有绝对优势的经济实力,为村民提供所有的赞助经费,让村里的龙舟划手们乐在其中。除了经济实力的能人外,还有鼓劲的能人,在龙舟赛过程中发挥龙头的指挥作用,龙头指挥明确,指挥得力,给龙舟队鼓舞士气,比如"采青"放在船头,并拿着竹子在船头进行晃动,指挥队员全力以奋力前进,队员们听从指挥,全力配合,使出全力与其他队员配合,使自己村的龙舟争先。

第三类是有扒龙舟技术和体育专长的能人。2019端午节期间,与浈江河边训练扒龙舟的队员们聊起来,他们认为侯屋村的人很齐心,基本上龙舟队的人在端午节比赛季都会回来参加划龙舟。当然也有三五个例外,例外的人中除了家里经济确实遇到难处、工作外派等原因,特例就是"另起炉灶"的人。这一年他们隐瞒了龙舟队中"另起炉灶"的人ZCH。ZCH有体育专长,在市里经营柔道馆,也曾经组织村民参加过几届龙舟赛。他在市区组织了一些年龄相仿的年轻人进行休闲健身。他通过与体育局相关部门关系熟络的机会在体育局租借了龙船,在市区组织了一支龙舟队,队员是跟他年龄相仿的同学或"龙舟爱好者",志趣相投,每天下午四点半后进行训练。一方面,人们认为有体育技术专长,能够在村外单独组织龙舟训练,训练有步骤、有方法的人很有能力,算得上村里的扒龙舟能人。另一方面,他不代表本村参赛,而是另起炉灶,人们心理上存在着"权威人物"的分化。年轻人对龙舟的热爱并不被村民看好,原因在于,年轻人组织的龙舟完全"脱离"传统。首先,扒龙舟的场域"脱域",组织训练已经完全不在传统龙舟的场域。其次,扒龙舟的仪式已经没有了。村里老人 HXS 说,"现在的年轻人太年轻了,都没有传统的东西了,讲起来似乎摒弃封建迷信,但是仪式还是要的,传统龙舟的规矩还要讲的,'抢青''打鼓'这几年都没怎么讲究,我不是摆什么老资格,他们不靠老资格,不讲老传统,有些仪式会出问题的"。再次,扒龙舟中的规矩少了,扒龙舟过程中需要唱龙船歌,村里的老人们唱龙船歌是凭着自己几十年的记忆传承吟唱,现在村里的老人们将自己会唱的龙船歌词写出来,然后村里的文化人帮忙反复修改,再教大家唱,用方言唱。老人看来"不按传统行事,还不注重讲吉利话,特别是'抢青'不讲吉利话是扒不赢人家的,虽然是租来的龙舟,也要按照仪式进行,他们还不肯让老年人去唱歌,就算现在没有了庙,也应该去庙的旧址上祭祀,放鞭炮,遵循民间传统"。无论村民们是否认可,能够"另起炉灶"组织起龙舟队的人在一定程度上还是让人佩服的。

个人权威组织龙舟赛各村情况不一,主要有三种情况。第一种,村里拥有绝对优势的财大气粗的人,如水口村整个大队只有 1 条龙舟,每次组织活动他们能赞助所有的经费,所以不用考虑经费,村民乐于参与其中,都拿第一,组织起来也很方便。第二种是人格魅力优势,组织者在众人中拥有良好的口碑,便于组织村民,如王屋村的人口比侯屋村的人口多了一倍,只要组织者有魅力，挑选队员没有任何困难。第三种，财力和人格魅力一般，在村中不具有绝对优势，如下园村有五六条龙船，人力方面太分散了。加上村里的年轻人在外打工缺乏锻炼，扒龙舟力气显得不够。下园村的村民表示虽然人手不够但是还是喜欢扒龙舟，在组织龙舟赛的过程中，有钱的村组便于组织，有人的村组便于挑人，金钱与人手都不充裕的村落组织龙舟确实有难度。难怪侯屋村组织过龙舟队的ZGQ说，"我们村人手不够也要去扒，有的人爱耍脾气，有的人爱计较，性格各异，组织起来好累，我以后都不想再组织了"。但水口村的村民却认为只要给足村民一定的劳务费，村民还是很乐于参与其中的，既好玩又能够有不低于打工的收入，何乐而不为？

粤北民俗体育龙文化需要政府主导、民办组织主办、有权威的民众引导、广大民众参与的"四位一体"的组织格局。有些人明确说"体育局没有说要扒龙舟"或者"文化馆没有通知我们"这样的话语，可以看出，民俗体育龙文化的主体依赖于政府。因为凡是政府组织的活动均会提供经费，即有一定的报酬，在没有报酬的情况下，有人说"没有人捐钱，就没有积极性"，也表明民众缺乏民俗体育文化的自觉。

第三节　群体传承还是个体传承

联合国教科文组织《保护非物质文化遗产公约》对非物质文化遗产做出了明确规定，传承人掌握着非物质文化遗产的知识以及精湛技艺，是非物质文化遗产的重要承载者和传承者，非物质文化遗产传承的方式多种多样，传承主体有群体传承、家庭传承与个体传承和神授传承，传承人多存在于民间艺术、传统技艺等适合师徒传承或者家族传承的领域。粤北民俗体育龙文化项目中多数属于市级非物质文化遗产项目，有一项属于国家级非物质文化遗产项目。《国家级非物质文化遗产项目代表性传承人认定与管理暂行办法》指出："国家级非物质文化遗产代表性传承人是指承担国家级非物质文化遗产代表性项目传承责任,在特定领域内具有代表性,并在一定区域内具有较大影响,经文化和旅游部认定的传承人。"[①]

一、传承人的评定与审核

2011 年《中华人民共和国非物质文化遗产法》出台,确立了非物质文化遗产代表性项目的代表性传承人认定制度,应该符合三个条件:首先是熟练掌握其传承的非物质文化遗产;其次,在特定领域内具有代表性,并在一定区域内具有较大影响;最后要积极开展传承活动。粤北地区非物质文化遗产传承人认定既遵循国家非物质文化遗产认定的流程,也结合本土实际采用了本土认定的方法。2011 年,南雄市香火龙被列入第三批国家级非物质文化遗产代表性项目名录传统舞蹈项目"龙舞(香火龙)"。按照文件要求,遴选的传承人需要具有"代表性、权威性和影响力",第四代传承人认定为FJG 刚开始并无争议,但在得知传承人享受传承经费后,民众开始提出对传承评定程序的透明性和公正性,认定的传承人引起争议。

(一)非遗部门评定程序单一

按照非遗保护相关规定,非物质文化遗产项目申报主要由市级非物质文化保护中心组织申报,2019 年暑假期间笔者前往南雄市文化馆对非物质文化遗产中心的主任进行了访谈:

李主任,你好,我是来自市高校的体育教师,正在做关于粤北民俗体育龙文化传承的省级项目,我想了解非物质文化遗产项目的申报是单位申报还是贵单位派人去采访进行评审?

李主任笑答:当然是我们自己去采访。

笔者追问:你们采访后,是村落组织申报还是你们组织申报?

---

① 谢雄健,赵芳.基于"身份认同"理论的国家:民俗传承人关系变迁研究:来自广西藤县国家级舞狮传承人的个案调查[J].武汉体育学院学报,2022,56(5):68-74.

　　李主任继续笑着回答：我们自己申报，申报材料要撰写文字材料，还要拍摄相关的视频，当然是由我们组织人员来完成，村民们哪有这样的能力？笔者心中马上闪现出"难不成既是运动员又是裁判员"的想法，难道非物质文化遗产项目申报时由非遗中心自己申报自己评定？疑问在心中闪现，话语脱口而出：你们自己申报自己评定？

　　李主任马上脸色有点微变：我们县里成立了专家组，共有 12 个专家组成员，抽取一半，大概抽七个，成立评审会，再来评审。比如 SRJ 老师是专家，他也是专家委员会成员，怎么能说我们自己评自己呢？韶关市级就由市级专家委员会评，我们县级就由县级专家委员会评，先县级评审后才有资格参与市级评审。非遗项目采用的是逐级申报。村民根本没有能力做好申报材料。

　　笔者：如果申报材料不是村民所写，那可能是其他文笔比较好的公职人员主笔，即便是文化馆的工作人员，撰写申报材料也需要花费大量工夫，对于各村提交的申报材料如何判定真假？另外调研中，九十九节龙据说申报非遗一直没有成功，是什么原因呢？

　　李主任：申报非遗项目需要所属单位提供指导自觉自愿申报，他从来没有给过我们任何材料，他自己讲是没有用的，是否符合非遗项目的标准，我们并非既是运动员也是裁判员，我们在选择评委的时候是面向各个阶层进行选拔的，不是某个人说了算的。政协委员会 XF，博物馆馆长 ZCL，宣传部的 ZC，在评审过程中至少需要 7 个评委，投票起码需要 5 票，我只是 12 个专家评审委员会中的一员，只有一票的权利，超过半数以上同意才能通过。材料真假当然需要撰写委员会集体评审与鉴定。

　　李主任对评审的条件给出了解释。首先，需要自觉自愿提供申报材料，南雄市是一个历史文化名城，不仅名胜古迹众多，而且有舞龙舞狮、采茶戏、龙船歌等多种特色文化，少说也有上百个民间传统项目，非物质文化遗产的专干只有一两个人员，根本不可能顾得了所有项目申报。其次，并非所有的民间艺术都能够成为非遗项目,民间艺术成为非遗项目需要具备三个条件:第一,民间项目拥有 100 年以上的历史,要能够提供历史材料;第二,能够上溯到前三代传承人谱系,要有族谱之类的记载材料;第三,经常组织活动,留有照片或者视频。

非物质文化遗产部门对非遗项目的评审具有规范性、计划性和局限性。相关负责人认为建立了专家库,专家库里抽选的人对非遗进行评价,程序公开,具有规范性。他们认为市里拥有上百个传统文化项目,不可能全部申报,如果全部申报,也没有办法保证保护的力度。非遗部门通过微信公众号对已经公布的非物质文化遗产项目进行公示,没有公示的项目需要逐步有计划地去制定相应的实施方案进行实施。此外,民间传统文化项目多,但是专门做申遗完整材料的专干少,人手不够,没有办法快速完成材料的撰写与组织工作。在材料申报过程中报谁与不报谁,难免出现地方保护主义,难以摆脱中国的"人情、关系和面子"。申报项目与组织项目评审中,非遗项目中心具有一定的话语权,评定程序具有局限性。

(二)传承人评定民间话语缺失

非物质文化遗产传承人评定过程中主体参与不足。鉴于名额限制,政府主导过多,特别是评审集体项目的代表性传承人,不同于单个项目的家族传承,代表性传承人选择不合适,会带来村民之间的矛盾,不利于传统体育文化的传承与发展。在田野调查过程中,了解到因传承经费引起的隔阂,笔者向相关村民了解了关于传承人的评定的情况。

笔者:你们这个村的舞香火龙传承人是如何评定的?

YFY:以前的传承人是上面那个村的(指傅姓村即白竹片村),他 100 多岁了,以前都是他组织活动,现在他去世了,大家不同意选某个人为舞香火龙这个集体项目的传承人。他没有教给他儿子,而是教给了我们村的 FJG,FJG 现在不把国家发给传承人的经费拿出来,所以就组织不了活动。传承人的钱应该拿出来专款专用,他是传承人,可以用一部分钱,但是他全部用完了,我们三个村的其他人不肯,就开始上告。说实在的,国家给的钱应该大家一起分,舞龙又不是你一个人舞,你把专款用掉,大家肯定不愿意。在YFY看来,FJG掌握着舞香火龙的手艺,算得上第四代传承人,他没有明言传承人评定的过程。

YFY对传承人将传承经费据为己有非常不满。他的看法得到了村里其他村民的一致认同,笔者想将话题拉回来,但是他继续说道:

以前没有钱,大家年年自发地搞,还是蛮齐心的,并且组织得很好。没有钱,但大家兴趣一致,从百顺到南雄,这里香火龙舞得很好。1986年,我们去南雄舞了一次香火龙,后来就经常被请去舞香火龙。1988年,我们在广州舞了一段时间香火龙,现在还在外面舞了几次香火龙。

笔者:申报成为国家级非物质文化遗产的传承人是需要提交材料,经过相关审批流程的,也不是说谁是传承人就是传承人啊?

YFY接着说:香火龙不是哪一个人舞的,也不是哪个的老祖宗一个人传承的,以前是三个村一起舞的。第四代传承人FJG的哥哥在镇上文化部门工作,申报时材料都是他哥哥写的,他自己小学都没有读完,根本不会写材料的,当时推选香火龙项目传承人根本没有经过村民们的推选。

YFQ说:当初看他比较老实,人也比较勤奋,舞香火龙也比较积极,就推选他了,没有想到他变了。

通过对村民的访谈,笔者对了解到的情况进行分析,村小组当初推选传承人并没有利用民主推选的方式,可能与他哥哥当时在镇里工作有关,每个人除了是"经济人",更是"理性人",懂得趋利避害。

村民对非物质文化遗产传承人评定缺乏话语权意识和话语权。首先,没有人对FJG被授予第四代"代表性传承人"称号有任何质疑,舞香火龙2011年被列入第三批国家级非物质文化遗产项目名录,他于2012年在非物质文化遗产传承工作中因表现突出被授予"广东省国家级非物质文化遗产代表性传承人"称号。将他推选为传承人本来无可厚非,主要原因为:第一,这个传承人的哥哥在百顺管理区工作,撰写申报材料主要由他哥哥帮忙代笔,在市里舞香火龙比赛时他哥哥还去了。第二,这个传承人的老婆是村里的民办教师,认识字,比一般的村民文化水平高,人家询问起舞香火龙来他老婆可以帮忙讲述是怎么回事。其次,评选代表性传承人过程中,老百姓都不知情,不能说哪个人自己能舞香火龙,毕竟舞香火龙需要大家齐心协力,应该承认舞香火龙是大家团结协作、共同努力的结果。他们还打比方说,"不能说我坐着的凳子就是我的",这是不合适的说法,也是不可能的,坐着的凳子也可能是人家家里的,可能既不是你发明的也不是你购买的,村民们用他们朴素的想法想极力证明传承人的选举不科学。第三,村民认为村里舞香火龙的上百岁的人不少,有比传承人年龄更大的,也会扎龙头、舞龙头,按资排辈怎么人家就不是呢?

村民们对传承人评定本身并不关心,也没有话语权,他们关心的是每年下发的传承人经费如何分配。如果把经费拿出来分,他们就没有任何意见,如果不把经费拿出来分,他们就会写信上告。随着社会转型,村民们也日益演变成理性经济人,他们不关心缺失的传承人评选过程中的参与权和话语权,只关心实实在在的经济利益。

(三)民众推荐与群体传承之间的冲突

南雄市非物质文化遗产项目申报经过了规范的申报流程,比如撰写申报材料,文化部门聘请专家进行评审。调查走访中,笔者得知传承人 FJG 拥有小学二年级的学识水平,他老婆 HSY 曾经担任过小学代课教师,能听能说普通话,但是撰写申报材料对于普通农民来说还是难事,于是撰写申报材料由他的哥哥执笔。

YFY 告诉笔者:近几年,村里也推选传承人,民众推选传承人就像大家推选村主任一样,我们推选你为传承人只是希望你成为我们的代表,你不能一个人把传承经费全部揽入口袋,不管谁被推选上,都不能独自吞下传承经费。村民们纷纷表示,为了响应国家号召,推选传承人是一回事,但是实际传承又是一回事,还没有完全对接。舞香火龙是大家的事情,不是某个人能完成的事情,每个人都会"不患寡而患不均",所以即便全民当初推荐了传承人作为非物质文化遗产项目的代表,在农民眼里,钱还是至关重要的。有村民说"在我们农村种地,两夫妻一年也就赚两三万元,并且赚两三万元是很辛苦的。如果你把大家一起舞龙的钱一个人用掉的话,大伙肯定不同意"。YFY反复强调:"打个比方,你是传承人,村里人推选你为传承人,但是你自己把钱花了,那大家肯定不干。"此观点得到了大多数人的认同,他们认为舞香火龙是祖宗留下来的,不是某个人的。他们按照国家政策执行代表性传承人的申报,但是申报之后的荣誉不是他们能掌控的,他们只关心"经济利益"。

村民YFQ的描述也印证了这样的观点:那个国家级非物质文化遗产的传承人,我们不管你如何推荐,把钱用完就是不行。村民在得知有钱的情况下,就写投诉信,之后为了舞香火龙活动延续下去,需要通过村委商量传承人,基本上由三个村委综合考量推荐,现在的传承人名单采用了"签合同"的方式约束。"签合同"时约定被推选的传承人只能拿传承经费的30%作为劳务费,其他经费必须拿出来分给参与舞香火龙的人。舞香火龙是群体传承,并非个人传承,因此造成了民众推荐的传承人在传承过程中获得传承经费的纠葛,影响了舞香火龙的顺利进行。

（四）个人传承的代表性

2020年寒假期间笔者第一次来到白竹片村,在与村民交流初步了解舞香火龙的情况后,根据村民的描述找到了第一排房屋第三个门,即第四代传承人FJG老人的家。因为村庄不大,住房建设格局相当紧凑,真的是"抬头不见低头见",村庄里来个陌生人全村都很清楚,笔者径直走向第一排平房的第三个门,敲开门,说明来意,希望了解舞香火龙的情况,FJG 夫妇热情招呼笔者进屋坐下聊。

笔者:傅爷爷,您好!我正在做一个关于龙文化传承的项目,了解到您曾作为舞香火龙的传承人,请问您今年贵庚?上过几年学?能否聊聊关于香火龙传承的情况。

FJG:我今年 75 岁啦,只上过两年学,小学没有毕业。

听到老人说小学二年级的文化水平,笔者联想到非遗材料申报的情况,应该能证实不是老人亲笔撰写材料。老人在跟笔者聊天时,丝毫不紧张,可能是被传承人经费纠葛这件事情搞得身心疲惫,大有找人倾诉的欲望。

笔者:你们这个村舞香火龙谁组织?

FJG:谁组织?就是他们年轻人邀请吧。

笔者很纳闷,作为国家级非物质文化遗产传承人,应该有传承非物质文化遗产的责任与义务,他怎么说是年轻人邀请呢?正当我迟疑时,禁不住说道:"总得有当头的吧?"国家级非物质文化遗产传承人 FJG 的老伴 HSY 用方言询问了他,他进行了回答,遗憾的是笔者对方言并不是很精通,让笔者震惊的是他老伴居然懂普通话,不仅能够听还会表达,在我们沟通不畅的情况下 HSY 老人进行解释和翻译。

HSY 接过话茬,对笔者进行了口述:他哥哥年龄比较大,跟着老前辈学得比较精通,所以香火龙怎么扎、用什么东西扎、扎多长多高,都有规格,后来就教给他。

从 FJG 的老伴以及村民的口述中,能推断出他算得上舞香火龙名副其实的代表性传承人,毕竟村民们都认可他具有一定的舞龙的专业技术,于是笔者接着问:F 爷爷,您能说说舞香火龙有哪些禁忌吗?

FJG:舞香火龙确实有很多讲究,扎龙的大小长短有规格,扎龙时间有规定。扎龙的大小上,过去规定公龙长 9.9 米,母龙长 9 米,它意味着天长地久,龙身的直径是 6~15 厘米,从头到尾渐变,越变越细,毛竹撑杆长约 90 厘米,为舞龙者手持,公龙身上插七根杆,母龙身上插六根杆。然后就可以扎龙,扎龙是从龙头开始扎到龙尾,也是越编越细。扎龙时间上,属龙属蛇的人这样的日子可以,属狗的人就不可以,两虎相斗不行,女人不可以玩,只能看,但可以放爆竹。祖先舞香火龙不是用来搞钱的,主要是用来祈求平安、天下太平、风调雨顺、国民丰收、五谷丰登等,他们扎好以后,要先去庙里拜祖先。

笔者听着传承人讲述广为人知又熟悉的香火龙知识,禁不住问道:现在庙已经拆掉了,还要去那个地方拜吗?

FJG:拆了也还是要去的。

笔者:没有了庙,再去是不是人们的信仰就没有那么真了? 现在年轻人文化水平提高了,也不是一直在农村种田,他们思想有变化吧?

FJG:年轻人思想有变化是正常的。村里过去舞龙不讲钱,现在就需要讲钱,在村里舞龙不讲钱,要是出去舞龙就要讲钱。另外,去单位或别的村庄舞龙,都有一些讲究。例如,有龙头有龙尾怎么进? 龙头先进! 怎么出? 一定是龙尾先出! 在这个大厅里你给人家拜也行,你出去时一定要按规矩出去,从大边进去小边出去,如果你不知道规矩老板肯定会不高兴……

在一旁听着的传承人夫人 HSY 补充道:大边小边就是左边右边,你从左边进去就要从右边出来,听他说完我怕你听不懂方言就专门再给你解释下。

FJG 希望尽可能为笔者解释清楚,证实自己作为个体代表性传承人的真实性以及因为传承经费带来的烦恼,笔者一边听着他的讲述,一边想着"龙虎相冲"的生肖观。看我听得很认真,他继续讲解:

那个踩四门不能踩东南西北,一定要踩东西、南北,先东西再南北,一定是这两三个村庄的人,其他村庄的人不可以参加,主要大片村、金狮水村和吊钟寨。

在交流的过程中,颇有文化的 HSY 时不时进行翻译和补充:我们扎香火龙和舞香火龙都是由老师傅祖传下来的,而村里其他人打香火龙只知道打,打得不好看,FJG 扎的龙舞起来才好看,远处比近处更好看,暗处比明处更好看,有月亮光或者月光太亮不好看。香火龙是稻草扎的,没有光就看不到身子,有光才能看到身子,香火插在草龙身上闪闪发光,舞起来才好看。

HSY 看起来是在讲香火龙的光,事实上笔者觉得她是把香火龙身上的光看成了香火,接上"灵气"的香火,薪火相传的香火,把舞香火龙与人的生命以及血脉传承结合起来了。她继续讲道:

龙有 5 节、7 节,现在加强了,好像有 9 节了,都是由公龙、母龙组成。他哥哥以前说,"别人扎的是死龙,我扎的是活龙,就是生龙,如果你不相信我就舞给你看。"后来就拿出去舞,到南雄舞,确实很轰动,大家看了觉得很生动,确实生龙活虎。所以闹元宵时镇里才让他们去展演,后来韶关邀请他们去了,很受欢迎。到广州去的时候,他们在广州住了一个月,人家很欢迎他们在那里舞龙,东莞的什么厂还是公司也请他们去了一次,好像还发了奖给他们。

老太太讲起来很自豪的样子,觉得香火龙确实立下了汗马功劳。

笔者于 2021 年寒假、2022 年春节又两次去第四代传承人家里拜访,他给笔者展示了很多关于香火龙申报、申诉的相关材料,他们讲述的禁忌并不为村里的人熟知,也确实能感受到他在扎龙或者舞龙技术上略高一筹。非物质文化遗产集体项目不能用代表性个人来申报,从国家层面来说,地方的申报与考评标准模糊,未能明确传承人的评定标准,以至于传承人认为政府发放的补助金为工资,而民众认为传承人所得实为所有舞龙活动参与者的活动经费。

传承主体到底是群体传承还是个人传承?评定的标准不明确,造成了对非物质文化遗产传承的伤害。传承人的认定,特别是有一些龙文化项目,参与的人数多、范围广、涉及面比较宽泛,如果传承不属于家庭传承,传承人认定本身就会存在利益纠葛。

2021 年,国家出台了非物质文化遗产传承人的认定标准,集体项目的传统项目可以认定为群体传承。在调研中,笔者发现有些龙文化项目传承人主要是掌握某种扎龙技术、组织能力或者是舞龙技术,如果集体项目中的传承人并不具备独特的技术,在群众中不具备影响力,那么传承人就很难让民众信服。这充分说明评定标准的落实环节未能认真执行。

传承人被认定之后,需要明确传承主体的权利和义务,希望政府给予一定的经费支持、荣誉支持、健康保障等,能够保证传承人的活态传承。但是给了传承人荣誉之后,还应该明确一定的义务,比如说每年需要传承多大的范围,做一定工作量的传承任务,不能躺在荣誉上面不干活。

二、如何考核评价传承人

传承人的考核评定事关龙文化的传承。一方面,要保持原汁原味的文化传统,但原汁原味的文化传统某种程度上附带着一些封建迷信的东西,它又具有一定的风险性;另一方面,因循守旧可能与青少年一代的需求不吻合,不会引起青年一代的兴趣和关注,那么如何在一定程度上把握好传承与创新的关系,这是传承人应该思考的。传承人评定过程中推选谁、评定谁,老百姓并不关心,老百姓一方面关心经济利益问题,另一方面也希望地方龙文化能够薪火相传。除了评定传承人之外,国家出台了一系列政策进行政策保护、法律保护、经济保护,甚至关注传承人的身心健康,那么评定完是否就一劳永逸? 是否需要对非物质文化遗产传承人进行考核?

（一）是工资还是传承费?

工资是随着工业革命产生和发展起来的雇佣劳动的报酬。传承费是政府保护代表性传承人本人,为使其生活无忧,安心从事传承活动给予的资助津贴。2006 年,广东省非遗保护专项经费为 150 万元,省财政对每位省级传承人每年补助发放标准为 1 万元。2016 年,广东省将非遗保护经费增加至 3000 万元,省财政对每位省级传承人每年补助增加至 2 万元,国家级传承人除享受国家补助 2 万元以外,广东省再增加 1 万元,广东省在非遗保护专项经费和对省级、国家级传承补助上都位居全国前列。

百顺香火龙传承人的经费究竟是属于传承人的工资还是传承费,引起整个村庄村民的争议和纠纷。说是工资,那么舞香火龙工作并非一人能够完成,舞条香火龙需要几十人,大家齐心协力做事,都应该劳有所得,为什么偏偏他一个人获得工资呢?对于国家或者财政的补助,广大村民不患寡而患不均。

传承人发放的补助是否是工资,传承人与村民之间各执一词。第四代传承人 FJG 夫人 HSY 说:"工资如果是大家的,不是发给传承人自己的,那政府为什么不开集体账户呢?而是把钱打进 FJG 一个人的银行账户呢?打进个人账户的钱谁愿意拿出来分给其他人?"老人边说边看着我,我点点头,表示感同身受,老人转向笔者问道:"要是你,你会把工资拿出来分给其他人吗?明明是传承人的工资为什么要拿出来分呢?"笔者笑笑,也不敢妄自评判。明显感觉到在传承人一家看来,自己是政府颁发了证书的名正言顺的传承人,打进工资账户的钱就应该归属私人所有,他们不认同村里其他村民所说的传承人代表只指帮助领钱的代表的说法,更不愿意将传承经费拿出来组织活动。在村民眼里,要说传承经费是工资,舞香火龙并不是像"刺绣"或者其他家族传承的传承代表人那样能完成传承工作,而是需要群体传承,即便政府下发文件遴选出了代表性传承人,但在几乎所有村民眼里,都认为"参与者应该有份"。

在非遗保护中心相关负责人看来,既然村民对传承人经费有如此大的意见,有时候经费下来也很难直接拨到传承人手上,甚至出现国家级非物质文化遗产项目,其传承人认定却是省级的情况,经费不按时到位或者不足额发放的情况并不鲜见。

由于对传承人的义务认识不清,传承人保护经费的个体性与群体性之间出现了矛盾,集体项目的群体传承如果仅限于个人传承,归功于个人,出现矛盾是情理之中的事情。

（二）如何履行传承义务？

百顺镇的香火龙被评为国家级非物质文化遗产，村委是香火龙的基层组织单位，村委干部是管理村民和乡村活动的直接负责人。YFY介绍，当时推选第四代传承人时觉得这个人老实，也很勤劳，就推荐他了，没有想到他当了传承人居然变了。到了推选第五代传承人时，直接在村委签订传承人相关权利义务的协议，协议的甲方为白竹片区吊公寨村、金狮水村、大片村小组，乙方为传承人ZXL、FWJ、ZQH三人，协议内容为：为规范白竹香火龙的管理，明确香火龙传承人的职责，保障白竹片村香火龙的传承和发展，经白竹片各村小组村民代表与传承人协商达成如下协议：

传承人必须严格执行《中华人民共和国非物质文化遗产法》《国家级非物质文化遗产保护与管理暂行办法》及《广东省非物质文化遗产条例》的规定，履行法律法规规定传承人的权利和义务。

政府拨付给传承人账户的传承经费，每年度提留人民币3000元整作为传承人的补贴自用，其余的政府拨款必须移交到集体，作为开展香火龙的活动经费，使白竹香火龙有传承经费保障，让传承经费发挥更好更大的作用，杜绝传承经费公款私用，任何单位和个人不得挪作他用。

香火龙传承人无正当理由不履行法律法规规定的权利和义务的，文化主管部门可以取消其传承人资格，并依据相关的法律法规，重新认定香火龙项目的传承人。本协议一式六份，村委会、白竹片各村小组、传承人各执一份，甲乙双方签字后生效。甲方吊公寨村村民代表ZXL、金狮水村小组村民代表FWJ、大片村小组村民代表ZQH，盖上了各村小组的印章，乙方代表ZXL、FWJ和ZQH签字、盖手印同意协议。

金狮水村YFQ感叹，第四代传承人领了经费不传承，当时主要是因为没有签订协议，然而第五代传承人签订了协议，还是出现一样的情况，个别传承人拿了传承人经费也不开展传承活动。

履行传承人义务与责任之间存在着分歧。首先,没有明确传承人的权利与义务,政府下发的经费到底是传承人的工资还是传承经费,不同利益主体看法不一。村干部认为舞香火龙是全村人集体参与的,如果能从外面弄来钱应该大家一起用,过去没有认定传承人之前,如20世纪80年代初期到文化局演出获得的经费除发给参与者工资以外剩余的钱全部用来作为村里的电表安装和用电的费用。其次,传承人自认为被认定为传承人,拥有获得经费的权利。传承人能被推选为传承人毕竟在组织舞香火龙方面付出了劳动,传承人经费属于自己的工资,如果传承人经费不是工资,为什么不把钱拨付在村委户头上,而是发在个人名下呢?再次,村民认为,舞香火龙是祖宗几百年留下来的遗产,如果不传承会愧对祖宗,中央电视台曾经来珠玑古巷拍电视,村里还自发组织了舞龙活动,工作大家一起做,再多的钱也是大家一起分,大家都很乐于参与。如果大家一起干活,而传承人经费个人独享,并且这个钱相当于农户一年的收入,哪个村民心里会平衡呢?基于传承人与传承群体认定不清,传承经费让全体村民心理不平衡,村民们普遍抱有"既然传承经费没有我们的份,我们不再参与舞香火龙活动,看传承人一个人怎么舞"的心理。

传承人遴选,重评定轻考核,传承人的义务不清楚。有的传承人拿了钱不去培训、传承,有的传承人参加培训的时候成为被培训对象,认为省里组织学习其他人的东西与自己作为传承人传承责任和义务之间联系不起来,学习效果甚微。另外,只要组织活动都需要经费支撑,传承人经费与传承活动组织经费是否等同,也让第五代传承人非常烦恼与纠结:不组织活动没有完成传承任务,辜负了村民们的信任;组织活动,自己的传承经费又非常有限,造成"传承"与"难传承"之间的困境。

香火龙作为国家级非物质文化遗产,目前没有传承基地,传承人之间为了传承经费互相推诿、告状。一方面,村民们联合告第四代传承人拿了经费不组织活动,甚至市里组织活动时不告知他,让他没有机会参加。另一方面,传承人不断上访申报关于传承人的经费的问题,传承经费与传承活动之间如何考核评价,传承人该有哪些责任与义务,需要基层政府对村民进行宣传教育,让他们在传承传统文化过程中明晰自己的权利和义务。

第四节　如何发展民俗体育龙文化的主体

民俗体育龙文化的主体是传承和发展民俗体育龙文化的坚实力量。2022年正月初三,笔者驱车到百顺镇白竹片村参观传说中每年村民聚会舞香火龙的盛况。尽管提前给 YFQ 和 HSY 老人打过电话,但当笔者驱车进入白竹村时,依然感受到出奇的寂静,笔者直接开往大片村没有从大门进,而是沿着房屋从左侧向右侧行进,观察每间屋子是否有人,村庄的左侧居然竖着一栋小楼,是这个古老村寨中唯一的一栋楼房,屋内似有电视机的声音。笔者不想直接打扰那家人,先沿着平房走过去,听见平房内有人砍柴的声响,禁不住探头进去望了望,虽然没有窗户的小屋较黑看不清,但是确定有人后还是礼貌问好"新年好",对方似乎有点惊诧,打探着笔者问道:"您找谁?"

笔者说:"我不找谁,就是随便看看。"

对方很好奇:"那您来自哪里呢"?

"我从韶关来"。

对方似乎恍然大悟:"您是不是艾老师"?

这让笔者十分惊诧,笔者第二次到这个村庄,以前进入村庄见过的每个人都留下了深刻印象,村庄里常住人口并不多,又没有见过这个人,这人怎么能一下子认出笔者呢? 惊诧之余有感动,连连点头表示"是"。

村民热心地邀请笔者去他家里喝茶,笔者连忙说正有此意,不过笔者想在村里先转转,看看到底有多少村民在村里过年。热心的村民(后得知他名为 FWZ,是镇小学的一名教师)陪笔者沿着整个村庄走了一遍,家家户户屋门口都贴着新对联,但是家家户户大门紧闭,少有人在这里团拜新年。FWZ 边陪笔者转悠,边介绍村里的情况。

整个村除了 FWZ 一家还有另外一家人在村里过年,FWZ 是因为家里老人家不愿意离开这个居住了几十年的故居,他将工作调到离家很近的镇小学,并为老人在村里修建了楼房,虽然他也在城里购买了商品房。另外一家因为老人家身体不好,不愿意去城里过年来回折腾,不得已儿子回村陪老人过年。其他村民不是在"下面"(指珠江三角洲)过年,就是在镇上过年。

聊起大片村,FWZ 介绍,F 姓最初搬过来这个村,以制作豆腐生意为生,生了三个儿子,三个儿子的后代又在这里繁衍生息。随着市场经济改革,人们开始南下打工,村里的年轻人逐渐走出村庄,搬到镇上或者"下面"(珠江三角洲)居住。对于整个村庄没有人回来居住的问题,他回应说,"现在不同于以前,基本上正月初一的早晨大家都会回村里来祭祖,见面后可以商量舞香火龙活动"。

一、如何培养龙文化的参与者

龙文化的参与者对传承和发展龙文化起着至关重要的作用,没有龙文化的参与者龙文化很难表现出生命力。在实际调查中,笔者发现参与舞香火龙的观众年龄普遍偏大,人均年龄 50 岁以上,40 岁以下的年轻人来参与舞香火龙的人极少,青少年儿童就更少。香火龙作为民俗体育龙文化的重要形式,是一种延续几百年的民间艺术,几百年来靠着老祖宗一代一代接力传承,不断使之发扬光大。但是由于老年人都逐渐老去,特别是老艺人一旦逝去,这些老祖宗传下来的民间艺术将会遭遇后继无人的遗憾,让技艺遗失,美妙绝伦的香火龙艺术就会走向衰弱甚至灭绝。正如冯骥才所言:"一旦传承人失去,中国传统优秀文化很快就会断绝。"

香火龙的扎龙技术都是七十岁以上的老年人在动手操作,一旦这些老年人过世,身怀绝技的香火龙传承者群体就会渐渐萎缩。年轻人由于常年在外工作,参与者减少。在注重经济效益的社会,加上现代体育运动项目与新兴消遣娱乐方式大量涌现,一年一次展演的香火龙对于年轻人来说很难派上用场,表演机会较少,缺乏香火龙展示的"空间",有一种"英雄无用武之地"的感觉,导致年轻人兴趣降低。这样,香火龙的扎龙技术以及舞龙技术将会出现青黄不接的尴尬局面,存在着后继无人的生存危机问题。面对舞香火龙的参与者困境,基层政策采取了两种措施,一是组织舞香火龙时的地方从村落发展到镇中心文化广场,让居住在集镇上的村民便于参加;二是,优化了舞香火龙的人员和年龄结构,便于组织。

南雄市文化馆非遗中心负责人告诉笔者,舞香火龙由于参与人数不需要那么多,相对来说便于组织,但是舞九十九节龙的参与者就没有那么简单了,每次舞九十九节龙活动都需召集四五百人,还真不是一件易事。

二、如何发展观众

体育观众是民俗体育文化发展的重要因素,观众能够给民俗体育活动带来掌声,给民俗体育活动营造氛围。任何一项民俗体育活动,如果没有观众它就会失去生命力。20 世纪 80 年代,到城镇舞香火龙每次都能达到人山人海的局面。1983 年第一次在南雄市舞香火龙时,市政府将整个南雄街道的灯都关了,只有白竹片村的香火龙在街上游弋,整个香火龙舞得让南雄市民众都欢呼雀跃,赞不绝口。随着时代的发展,工业化让经济快速发展,城市化让城市范围扩展,过去生存于乡村的香火龙拥有庞大的观众群体。随着社会转型,工业化、城市化迅速推进,住房制度向商品化发展,农民进城务工、做生意、买新房安营扎寨,传统村落逐渐衰落甚至空心化,与互联网时代下诞生的年轻人的需求格格不入。在互联网背景下成长起来的年轻一代对这种传统的古老艺术缺乏兴趣,如何在城市化背景下发展好民俗体育传统文化,值得深入探究,发展不应该仅限于项目本身的发展,应该采用建设新农村的整体框架思路。在探究是项目失传还是缺乏观众的问题上,笔者对南雄市文化馆非遗中心相关负责人李主任进行了访谈。

笔者:"李主任,您好!听说新田村曾经盛行板凳龙,但是在民间看不到展演活动了,这是怎么回事?是不是失传了?"

李主任:"没失传,上网上看,新田村姓氏节和舞板凳龙的都有。"

笔者:"2019年姓氏节询问村落里的一些老人,他们说新中国成立后就再也没有舞过。那它的观众群体主要是谁?"

李主任:"组织不了,舞板凳龙要几十人,很难组织。不组织活动村民们会逐渐遗忘的,非遗项目要组织活动,我们有100多个项目。我们文化部门哪有那么多精力、时间、金钱、人员,我们就是先保国家级项目传承,再保省级项目传承,至于观众,是需要整体性规划的。"

非物质文化遗产申报、保护工作千头万绪,谈到已经成功申报的非遗项目居然多年没有组织过活动,李主任似乎情绪很激动,提出南雄市是韶关地区非遗文化最丰富的地方。如何保护好传承好非遗对他来说,应该也有一定的困扰和压力,如何发展观众并不在他力所能及的范围之中。

在民俗体育项目丰富的南雄市,明知民间艺术丰富,如何发展观众是首要考虑的问题。没有参与者的传统文化,是没有生命力的传统文化,是虚无的传统文化,是难以为继的传统文化,即便被申报成为非物质文化遗产,如果保护力度不够,发展不好、维护不好传承者和观众,始终难以传承。

三、如何保护传承人

传承人是非物质文化遗产项目保护的关键。《中华人民共和国非物质文化遗产法》对非物质文化遗产代表性项目的传承人认定给出了明确的认定标准。首先,各个地区都高度重视保护非物质文化遗产传承人的工作,保护非物质文化遗产代表性传承人是保护非遗工作的重要环节,从国家到各个省份纷纷出台了关于保护代表性传承人的意见,给予非物质文化遗产代表性传承人发放特殊津贴。一是解决他们的实际困难,二是鼓励他们积极进行传承活动。此外,对于没有政府特殊津贴的代表性传承人,政府需要给予特困项目补助。

其次,要科学规范评定非物质文化遗产传承人,在遴选非物质文化遗产项目传承人时,需要深入调查,征求民意,申报材料要真实,评定过程要规范,遴选出的代表人要能够承担起传承非物质文化遗产项目的传承任务。不能将家族传承或者单个传承相混淆,也不能错把集体项目传承人窄化为个体项目传承人。如果传承人范围界定不清,遴选程序受到质疑,保护措施不到位,最终保护的传承人也未必能够起到保护传统文化的作用,甚至伤害广大参与者的保护热情。

最后,要加强产学研合作。由非物质文化遗产中心搭建非遗的学术平台,吸纳各文化单位、学术机构、社会团体,对非物质文化遗产的理论和实践问题进行研究。注重成果转化,有效保护传承人,保护好、发展好民俗体育龙文化。

第五节　经济与生活的矛盾与纠纷

市场经济条件下,资源配置占据主动地位,社会发展以经济建设为中心,高房价、高物价迫使人们想方设法提高经济收入,改善生活条件,人们对经济生活富裕充满向往。在现实社会中,人们都渴望快速致富,多抓收入成为人们增加经济收入的方法。在舞龙或者扒龙舟过程中,人们也希望从每一次活动参与中获得一定的经济收入。

一、经济条件是开展民俗体育龙文化活动的前提条件

恩格斯在《关于费尔巴哈的提纲》中提出,经济基础决定上层建筑,经济不仅影响民俗体育龙文化的物质基础,同时影响着人们的心理和思想文化

层面。开展民俗体育龙文化活动中涉及一些传统仪式的礼物如鞭炮、龙舟相关器材，以及参与活动的经费，龙舟扒手的生活费、训练费以及参与活动的经费，如果没有经费，很难开展民间艺术活动。

在田野调查过程中，白竹片村的村民们对笔者如是说：没有钱是很难开展民间艺术活动的，没有充足的活动经费，表演范围日益狭窄，表演机会逐渐缺失，这是制约香火龙艺术发展的大问题。香火龙历经数百年，没有因为进入现代而消灭，依然如故传承下来，而且以其更加丰富的内容、更加美妙的形态，形成民心凝聚的重要内容，打造成地方文化的一张新名片。其中一个主要原因就是政府重视，每次活动都给予一定的经费，使其成为地方的政治、经济和文化中必不可少的文化活动。

笔者：你们这里舞香火龙是否需要钱？

金狮水村 YFQ：钱都被传承人自己用了，他不拿出来我们就不舞龙了。以前没有钱大家就什么都不说，现在举办一次活动需要花很多钱，包括材料、服饰、人工、伙食等，少说也要一两万元。过去舞香火龙比较简单，多是自发举行，地点是村庄、街头、巷尾、庙前、祠堂等，观众也只是三五成群，经费主要是解决材料或者一顿饭。那时候经济不发达，舞龙者非常容易满足。但是现在农村什么事情都需要开销。过去经费来源除少数由富贵人家赞助，多数由村庄按照户数或坊间以人头出资的形式筹集。新中国成立后，香火龙表演的要求和标准提高了，演出规模和范围扩大了，费用肯定成倍增加。虽然当地政府会适当拨款支持，但是毕竟拨款力度有限，对于花费较大的香火龙活动而言，可谓杯水车薪，沉重的经济压力，并非每个地方都能承受得起。因此，表演香火龙活动就不能经常坚持，持续开展。

在粤北民俗体育活动的田野调查中，笔者了解到舞香火龙、九十九节龙，有买香、鞭炮、人们聚餐等费用，扒龙舟需要提前训练，还有吃喝拉撒等问题，如训练费、服装费和饮水、抽烟等各种开销。没有经费做保证，扒龙舟与舞香火龙都不可能付诸实践。

笔者：请问九十九节龙是否属于非遗项目？原因是什么？

李主任：九十九节龙，锣鼓、舞龙者总共加起来四五百人，这个活动成为非遗项目的难度非常大。首先，搞一次活动最少都要 4 万~5 万元，请人来表演，每个人一天 100 元，搞一次活动就这一个项目光请人就得花掉 4 万~5 万元。我们一个单位搞一次活动总共也申请不了多少钱，申请活动经费也不是那么简单的。其次，这个活动如果不是在大村，很难找到四五百人来参加。因为九十九节龙长 399 米，1 米 1 个人舞，舞起来就要 300~400 人，还要 100 个替补人员，否则根本舞不起来。最后，这个活动规模太大，组织困难，特别是作为体育项目，很难走下去，也很难推广。在农村找 400~500 个能举得动的人很难，找到了你也很难"侍候"。先不说吃盒饭，就是提前一天彩排多来一天得多给一天的钱，提前彩排都得多出好几万元。

在南雄市非遗中心工作人员眼里，非遗项目的传承与经费支持紧密联系在一起，如果没有经费做支撑，项目很难实施与推广。在其他的龙文化活动中，同样面临经费问题，但是由于项目性质不同，出现的经费问题也不一样，对于民俗体育龙文化活动中的扒龙舟，经济条件更是活动开展无法绕开的基础。其主要表现在三个方面：第一，牵头组织者需经费充足，经费充足不仅是自身赞助经费多，也包括有能力拉赞助。扒龙舟的人代表村或宗族参加竞赛，荣誉属于集体，每天或多或少给予一定的工资，否则很难组织。第二，参与扒龙舟就希望给村里或者小组争取一定的荣誉和面子，代表集体参赛的队员的吃喝拉撒和每天的工资或多或少都需要经费，不谈训练费，最起码生活费得提供。第三，教练的费用，随着传统龙舟向现代龙舟转型，需要请有技术的专业教练，他们扒龙舟有技巧，懂得训练的方法，比如训练遵循循序渐进的原则，先抓好陆地上的体能，采用跑步、引体向上、俯卧撑、耐力跑等方法训练队员的核心力量和心肺功能，然后进行水上训练，抓划船的技术，抓协调一致有节奏的划法，会大大提升整个龙舟队的技术。不过，扒龙舟的人都不是职业队出身，没有聘请专业教练的费用。

从调查走访来看,经费是民俗体育活动开展的经济基础,没有经济基础,人们的生活没有保障,没有保障的生活是很难有闲情雅致进行消遣娱乐的,体育活动是在满足基本生产条件的基础上才能发展起来的文化活动。

二、经济利益影响民俗体育龙文化

经济是社会发展的基础,对文化发展起着决定性的作用。经济对民俗体育文化的物质、制度、活动和精神层面都具有影响作用。

首先,经济对民俗体育龙文化物质层面的影响。对物质层面的影响主要体现在物质环境、物质器材两个方面。第一,经济对物质环境的影响体现在龙文化活动的脱域,过去只限定在本土、本村的民俗活动由于经济条件的影响逐步走出本土。例如,香火龙曾经去广州、佛山等地展演,龙舟活动竞赛的场域从传统村落逐步走向"乡村振兴"示范区。第二,经济对物质器材的影响最明显的是龙舟的器材,从过去的规格不一的能乘坐 36 位队员的传统龙舟变成了市体育局统一订制的规格标准的乘坐 22 位参赛选手的现代龙舟。

其次,经济对民俗体育龙文化制度层面的影响。在组织制度上,民俗体育龙文化活动来自民间民俗,改革开放前其组织基本上是宗族的族长或乡绅,改革开放之后,组织者更加多元,既可以是传承人,也可以是新乡绅,还可以是村里喜欢或者愿意传承民俗体育活动的人,谁能够出钱捐助活动或者能够拉赞助促成活动举办,谁就可以成为组织者。组织形式上,突破了春节、端午节等时空限制,突破了民间自发组织的形式,活动需要向文化部门或者体育部门等行政单位报备,是有"国家在场"的组织形式。经费制度上,不能盲目地说经费越充足,文化活动传承得越好,文化活动项目不同,经费筹集方式不一样,有村民自主捐赠、国家拨付款、村民捐助、企业赞助、其他个人赞助等多种形式。从参与人员上来看,过去民俗体育活动的参与者仅限于某个村庄或者某个姓氏的人员。随着市场经济发展,人们对美好生活的追求,愿意投身到健康中国建设中来,参与者既可以是本村组的农民、在外务工和做生意的人士,也可以是热爱龙舟、愿意参与龙舟赛的社会人士,只不过需要另起炉灶,重新组队。从竞赛制度上来看,过去无论是舞龙还是扒龙舟都没有严格的竞赛制度和活动规则,随着舞龙与赛龙舟被列入中国国家体育比赛项目,韶关市给龙舟队前八名发放奖金,镇政府给每支龙舟队一定金额的奖励,扒龙舟的活动规则转变为传统龙舟与现代龙舟竞赛制度相结合的方式。

再次,经济对民俗体育龙文化活动层面的影响。第一,因为经济发展,我国提出了传承中华传统优秀文化,实现中华民族伟大复兴的梦想,建设中国特色社会主义社会,加强了对非物质文化遗产的保护,给予专门的经费进行传承与保护,严格落实《国务院关于加强文化遗产保护工作的通知》中提出的每年6月第二个星期六为"文化遗产日"精神,每年在南雄市举办"非物质文化遗产日"活动,组织本土非遗项目进行展演。第二,城市快速发展与农村逐渐衰落对民俗体育活动发展影响深远,农作物收成无法满足人们需求时,农民会逃离农村,寻求更高收入来源的生产方式,随之搬到城市生活,人口的流失使民俗体育活动的开展变得艰难。例如,在白竹片村调研过程中,笔者发现村里的小学已经不复存在,年轻的父母都在外面打工,年迈的爷爷奶奶需要到城市陪读,传统村落逐渐空心化。农村结构中出现农业与非农业之间的二元分化,农村社区的公共福利少,缺少教育、医疗、自来水、天然气甚至通信网络,落后的农村经济条件与人们日益增长的对美好生活的需求之间出现了巨大差异,影响了活动的参与广泛度。第三,现实的经济生活条件会限制民众参与,村民在选择是否参与龙文化活动过程中会对自己的物质条件进行算计,比如参与活动产生的误工费、伙食费等都是需要考虑的因素,村里年龄25~40周岁的青壮年,正是家里的顶梁柱,如果完全没有经济收入来源,肯定会限制外出务工人员返回村里参加比赛。

最后,经济对民俗体育龙文化活动主体精神层面的影响。第一,经济利益驱使民众积极参与民俗体育活动。从村落初建时的最早的求雨、消灾到对祖先的祭祀,在物质匮乏的年代开展民俗体育龙文化到改革开放后每一次展演活动后获得经济收益,无论是烟酒副食还是小红包,人们相信"礼物馈赠"①的"神灵"作用,使民俗体育活动开展得热火朝天。第二,随着经济条件变好,农村通过除农业生产方式之外的"打工"方式获得更多经济收益的时候,精神上对于龙文化活动的信仰逐渐丧失。第三,经济发展条件处于一定的"阈值"时,村里的乡绅积极响应国家号召,主动投入到"乡村振兴"建设中,保护中华传统优秀文化,希望记住乡愁,让农村看得见青山,望得见绿水,唤起传统村落民众的文化记忆,延续和传承村民的情感。

三、生活矛盾也影响龙文化的发展

粤北民俗体育龙文化是集群性的民俗体育项目,需要大家齐心协力、团结一致才能组织好、实施好。民俗体育龙文化在发展历程中存在直接生活矛盾与间接生活矛盾,从不同层面对龙文化活动产生影响。

首先,龙文化活动开展过程中引起的矛盾使龙文化遭受破坏甚至停止。在调研过程中,村民们告诉笔者,犁市镇浈江河边的小孩子都非常喜欢划龙舟,在划龙舟的季节恨不得每天都在河边玩耍。传统龙舟玩耍是有时间限制的,一般五月初一下水,初六上岸,扒龙舟后,龙舟头要烧掉。侯老师如是说,"20世纪70年代末80年代初还扒过龙舟,当时我是美术老师,会雕刻龙头,曾经偷偷雕刻龙头,那时候不让扒龙舟,私底下雕刻的龙头只有藏起来。结果有个人告密,不得已只能把龙的两只脚敲掉。后来,那个告密的人遭到了全村人的辱骂,大家不允许他的儿子参与扒龙舟"。

其次,龙文化活动中斗气产生的矛盾导致活动停止。第一,传统龙舟比

---

① 冯强,涂传飞,熊晓正.马塞尔·莫斯的"礼物交换理论"对民俗体育活动的启示[J].武汉体育学院学报,2012,46(6):15-19.

赛没有时间、距离、龙舟长短大小的规定，想跟谁比就跟谁比，想比多长的距离就比多长的距离。比赛的龙舟还存在亲戚关系或非亲戚关系的问题，有矛盾或没有矛盾的关系。由于传统龙舟赛比赛规则没有明确规定，龙舟竞渡过程中有的龙舟一旦超过对手就停鼓掉头，表示已经胜利，不再比了。这让输了的龙舟队伍很不服气，为此会出现打架斗殴现象，最为严重的是长龙舟与短龙舟进行比赛，如果长龙舟划在前面试图绕过短龙舟，在某种程度上是一种戏谑、羞辱，发生过看龙舟赛打群架的恶性事件。ZGQ（侯屋村人，做玉石生意）对笔者说："曾经在扒龙舟过程中，发生过几次打架现象，村与村之间竞争既要看经济实力也要看人口实力。如果扒龙舟过程中被人绕圈，直行的龙舟完全可以直接冲上去，那样很有可能把绕圈的龙舟整船撞翻到河里去。曾经有两条龙舟在竞赛过程中发生了绕圈的现象，因为超过人家很多才可能有机会去兜圈，兜圈的与被兜圈的龙舟之间没有打起来，没想到观看龙舟赛事的村民居然打了起来，打了群架。自此镇里停办了龙舟赛。"民众的团体意识、竞争意识非常强烈，都希望获胜，因为规则不规范，不具备科学性，获胜心理与不规范的规则之间难以平衡，民间组织不具备调节各方利益关系的权力，各方发生矛盾冲突的事经常发生。

再次，遭遇洪水之后产生意见分歧导致民俗体育活动中断。民众表示对扒龙舟具有深厚的感情，同一个村里住着不同的姓氏，如侯屋村住着侯姓、钟姓和李姓，三姓很团结，就好比结拜兄弟一般，2006 年以前非常团结，村民们齐心协力扒龙舟。有的村民去部队当兵了写信回来都要问"今年扒龙舟了吗？"回来探亲适逢扒龙舟也会积极参与。2006 年一场洪水冲散了人心，洪水发生后各家有各家的困难。一部分村民因为家人有公职人员听从政府安排率先搬迁重建；一部分村民自寻"宝地"重建。因为意见不合，大家空间上产生了距离，空间距离带来的心理距离，对扒龙舟活动的顺利开展产生了不利影响。

第六节　文化认同与文化传承

　　文化认同,随着现代性引发文化危机日益受到人们的重视,是指个体或者群体之间对共同文化的确认,把我变成我们,让自我身份具有正当性,遵循相同的文化理念,使用相同的文化符号,秉承共有的思维方式和行为规范①。文化自信是党的二十大提出的"走好中国式现代化道路"的重要内容,是增强中华民族文化实力的源泉和动力,是从容应对文化冲突的心理支撑,更是中华民族伟大复兴的精神支柱②。粤北民族民俗体育龙文化的文化认同是打造粤北美丽乡村的前提条件,只有民众认同粤北民俗体育龙文化,积极建设龙文化的生存环境,才能够培养文化自信。

一、培养文化认同

　　文化认同是对一个民族基本价值的认同,是人们在长期共同生活中形成的肯定性的文化价值判断。在文化认同的基础上才有文化传播,没有文化认同很难有文化传播。地理传播学派的代表人物拉策尔在文化认同的基础上发展了"地理传播学"理论,他的学生罗贝纽斯在他的理论基础上提出了"文化圈"理论。随着时代发展,中国迈进了与世界交流、交融和接轨的新时代,民俗体育文化与现代文化不断接触、碰撞,产生涵化、融合与同化,在文化互动中吸收彼此的优点,排斥彼此的缺点,吸收一部分,排斥一部分③。随着引入现代教育,学校体育内容将竞技内容教材化,成为奥林匹克运动后备人才培养的发源地。现代化本身就是打破传统的,现代文化是把双刃剑,

---

① 崔新建.文化认同及其根源[J].北京师范大学学报(社会科学版),2004(4):102-104,107.
② 黄小玲.文化自信研究热点主题与演化路径的可视化分析[J].西南石油大学学报(社会科学版),2022,24(4):61-72.
③ 石峰."文化变迁"研究状况概述[J].贵州民族研究,1998(4):5-9.

一方面让我们与时俱进,另一方面又让我们在适应新文化的过程中逐渐远离我们传承了几千年的传统文化。

粤北民俗体育龙文化受到现代体育文化的侵入,青少年倾向于从事现代化的体育运动,有力量、速度、灵敏、柔韧、协调。传统体育龙文化,需要人和人的配合,人数众多,人数少了就玩不起来,与受现代文化影响的年轻一代追求个性、追求自由有一定的冲突。现代社会快速发展,电子化信息化,青年一代更乐于沉迷,从事信息化相关的工作,传统龙舟赛由扒龙舟转型成为龙舟竞渡。韶关市在每个能够扒龙舟、愿意参与扒龙舟的村落投放了现代竞技龙舟,促进青少年加强体育健身,顺应中共中央提出的促进文化大发展和发展繁荣,将传统龙舟成功转型,甚至打造成乡村旅游品牌的乡村示范村。扒龙舟得到了村民的高度认同,他们认为龙舟在凝聚民族情感,促进身心健康,丰富闲暇生活上都有着不可替代的作用。一些村民主动加入日常训练的行列,参与市级龙舟赛以及国家级和国际级龙舟比赛。

一方面,扒龙舟根据国家正式体育运动项目规则进行比赛,吸收规范化的流程。另一方面,扒龙舟的地域的民众遵从传统礼仪的程序,将龙舟下水、洗码头、抢青、走亲戚、斗贝等流程延续下来,每年农历五月五日聚集在浈江河畔,唤起民众的文化认同,我们既要学习他国文化传统的长处,追求竞争,也需要延续我国传统文化几千年流传下来的"团结统一、和谐奋进"的集体主义精神和爱国主义精神。

粤北民俗体育龙文化是粤北人民在长期的生活实践中积累出来的经验,是祖祖辈辈遗留下来的风俗习惯,与粤北的地域特色息息相关,是宗族历史文化的延续。中国历来都有孝宗敬祖的传统,通过参与粤北民俗体育活动,人们体验、感受自己所属的血脉传统,铭记先辈移居在这块土地上艰苦创业的历程,在活动参中感受身份认同。

二、坚守文化传承

黑格尔曾说:"传统并不仅仅是一个管家婆,只是把它所接受过来的忠实保存着,然后毫不改变地保持并传给后代。它也不像自然的过程那样,在它的形态和形式的无限变化与活动里,永远保持其原始的规律,没有进步。"①黑格尔的观点充分说明文化也需要经过积累,经历从量变到质变的过程。

随着互联网信息时代的快速发展,短视频发展迅速,各种各样的娱乐休闲项目刺激新颖,现代社会的人们乐此不疲,造成民俗体育龙文化后继无人。

俗话说,"好曲不唱三遍"。粤北民俗体育龙文化由于本身的特点与局限,普遍存在着程式固定、内容相似等缺陷,加上表现形式上无法过多进行动作创新,表演场域较为局限,难免让民众厌倦,产生审美疲劳。由于时代发展,无论是生产物质或者生活物质都不断更新,舞香火龙的稻草因为城市化、工业化逐渐淡出人们的视野。传统的祈求神灵、祭祀祖先的功能逐步让位于娱乐功能。如果程式复杂,不符合年轻人的审美需求,不改革创新,穿新鞋走老路,都难以唤起民众的文化认同,需要挖掘非物质遗产龙文化的精神价值,加强对其提炼、整理、传播,加大文化认同和文化自信。

百顺香火龙从制作到表演的整套传统技艺,并没有形成图像和文字记录,而是依靠老艺人的口传心授和新艺人的领悟体会。年轻人要掌握这套技术,需要较长时间的学习、训练和积累,且技艺传承集中在每年正月,中间间隔时间过长,由于担负着家庭生计的责任,无论是教者还是学者都因时间问题受到阻碍,如果技艺不够熟练,基础不够扎实,又因时间限制疏于实践演练,就很容易忘记先前学到的内容,所以只好抓住每年香火龙表演的大好

---

① 黑格尔.哲学史讲演录[M].上海:上海人民出版社,2013.

机会加倍学习、努力训练。

随着社会生产力的不断提升,经济实现快速发展的同时,城镇化也在高速推进,广大农村地区在城镇化过程中遇到了许多的困难和挑战:首先,人民生活、生产方式的改变,农村人口越来越多地向城市迁移,舞香火龙逐渐失去了传承和发展的艺术空间;其次,城镇化的高速发展和人们业余生活越来越丰富,使得民间文化艺术的信仰成分减少,电影、电视剧、网络游戏、抖音、短视频等新媒体娱乐方式日新月异的冲击,传统的以人为载体的舞龙文化渐渐被人们所忽视,对舞香火龙活动的兴趣同样逐步淡化。这些现象都为香火龙表演活动的艺术生存空间产生了很大的挤压,使香火龙文化艺术市场的范围缩小。

舞香火龙程式老化具有二重性。舞香火龙总是伴随着大量新程式出现而发展的,观众问题要看新东西。其一,香火龙的程式动作已经延续了几百年,重新推出也有三十多年,其中表现舞龙的形态美、动作美蕴藏在仅有的几个动作之中,存在农村淳朴的生活生产相关的动作中,这已经算传承得很不错的了。试想任何一个项目如果没有推陈出新,几十年还有人喜欢参与、喜欢观看,其中必定蕴藏着很深的情感,保持"原生态"。其二,传统龙文化活动在器材、仪式以及组织形式上依旧保持传统,与年轻一代的民众审美标准产生差距,为使年轻人乐于传承,需要对程序进行创新。

在田野调查过程中,对龙舟文化的传承主要体现在三个方面:第一,延续传统,传承祖辈、父辈对龙文化的热爱。有村民聊起对龙舟的热爱,说是河边长大的人,从小看着爷爷、爸爸年年都扒龙舟,对扒龙舟充满了热爱。小时候因为扒龙舟迟到被老师骂依然还是去扒,因为好玩,特别是龙舟竞赛时很热闹,即便不扒龙舟也可以在河边放鞭炮,扒龙舟可以为龙舟竞赛贡献一份自己的力量。第二,对传统龙舟的情感促使村民排除困难积极参加,甚至有的村民在外做生意居然将未上学的孩子带回老家也要参加扒龙舟。为了提高扒龙舟的技术水平,有些龙舟队员还曾经包车去肇庆看龙舟比赛,学习人家先进的划舟技术之后再组织韶关市龙舟赛,当年获得前 8 名,也算是不错的成绩。第三,为村里争荣誉,韶关市每年比赛共 16 条龙舟,下园乡今年共有 6 条龙舟,其中有 1 条龙舟在韶关市区训练,在市区工作的年轻人下了班就会去划船,训练技术和体力。

6 条龙舟中的 3 条老人船重在参与,还有 3 条船参与竞赛,获得参赛名次。为了参加龙舟赛,有的村民回来参与扒龙舟连一天几百元的工钱都不要了,主要是对龙舟的情感和集体荣誉感。

三、增强文化自信

文化自信是指一个民众基于对自己的民族文化的积极肯定,自觉坚守、传承和对其进行发扬光大的文化、心理和行为取向。[①] 习近平总书记针对提升和增强文化自信等重大问题提出了一系列的精辟论述。传统体育如今受到前所未有的重视,是由于工业文明体育的历史局限性日益显现。人们在对其历史的审视中,越来越深刻地认识到传统体育的现实价值,传统体育不是僵死的历史陈迹,而是点燃现代体育走出困境的希望之光[②]。20 世纪 50年代初期,百顺香火龙的发展成为常态化,由于社会变革,工业化的经济转型,城市化的社会转型,香火龙作为一种传统艺术,它的生命却能得到自然的延伸。此外,它又从现实生活中吸收了丰富的养分,蓬勃地发展成长起来,那时,通过传统节日传承传统文化,而从民间传统艺术中成长出来的香火龙能同其他传统民间艺术一起活跃于民间艺术舞台,无论新老观众,对这些民间艺术都看得津津有味、赏心悦目。1964 年以后,不准上演传统剧目,香火龙艺术生命受到致命的伤害。1966 年开始,有着广泛群众基础的民间艺术活动被认为是"旧习俗"被彻底禁止,香火龙也被一扫而尽。20 世纪 80

---

① 唐凯麟.唐凯麟集[M].长沙:岳麓书社,2022.
② 杨桦,任海.论新时代中国特色体育学构建[J].体育科学,2022,42(8):3-20.

年代恢复传统民间艺术,古老的民间艺术香火龙重现,并以其顽强的生命力不断发展,在基层政府和村民的共同努力下,百顺香火龙被打造成为享誉全国的传统特色项目。

百顺香火龙作为国家级非物质文化遗产在新时代背景下很难推陈出新,需要非遗中心、文化部门以及村民共同努力,通力合作,将其打造成优秀的传统文化。从事香火龙技术的人员较少,对其进行改革创新的人更是少之又少,香火龙的物质器材保持着原生态,香火龙领域异常沉闷似乎成为常态,香火龙暂且没有其他艺术形式取代,它印在白竹片村民众心中。在春节期间,人们愿意聚在一起,看扎制香火龙、舞香火龙,大家喜欢那种团结在一起的感觉。无论哪种龙文化,首先需要得到村落、社区或者民众对文化的认同。文化认同是文化自信的前提与基础,是民族文化传承与发展的基础,如果没有文化认同,心理与思想上很难支撑,就很难做到文化自信。

拓宽增强文化自信的途径,建设文化传承基地,传承粤北民俗体育龙文化;充分利用传统节日,以及粤北注重家族团聚的氛围进行传承龙文化技术和礼仪;建设多种渠道传承,利用各种活动场所进行展演,充分利用乡村旅游展示粤北民俗体育文化,并且通过各种途径进行传播,增强文化自信。

第八章

粤北民俗体育龙文化发展的影响因素及动力机制

生产方式在社会发展中起决定作用,经济基础决定上层建筑,经济因素不仅影响着民俗体育文化的物质基础,还影响着精神文化层面。经济基础是地理、环境、人口以及社会制度等综合作用的结果,是民俗生活产生和变迁的基本条件。

第一节 经济条件是龙文化发展的基础

马克思对文化变迁理论做出过卓越贡献,他提出文化变迁归功于生产方式的变革,认为生产方式变革会影响到生产关系,进而解释文化变迁的原因。

一、礼物呈现以经济条件为基础

民俗体育产生之初,因为祈求神灵降福人间就必须呈现"礼物",所以每次祭祀都需要杀猪宰鸡。祭献的物质是祭献仪式的物质基础。马塞尔·莫斯在《礼物》中提出过,总体呈现体系是礼物的实践框架,通过给予、接受和回馈来达成礼物赠送的环节。中国民俗体育活动自开始,首先表现出宗教性质的神灵总体呈现,财富的交换和消费,还涉及参与民俗体育活动的群体之间的礼物赠送。[①] 关于宗庙的祭祀一般都存有庙田用于公共开支,也可作为民俗体育龙文化的物质基础。

2018年端午节,犁市镇龙舟协会会长MDL亲自驱车带领笔者穿行江尾村,有幸见到了"黑龙"和"绿龙",并聆听当地老人讲述龙文化的历史。老人讲到动情处,情不自禁唱起了龙船歌,因为听不懂老人所说的客家方言,很难进行深入交流,笔者无功而返。

韶关市犁市镇下园乡由5个自然村组成,分别是侯屋村、王屋村、赖屋村、李屋村和廖屋村。犁市镇紧邻浈江河,世世代代沿袭着扒龙舟的习俗,其龙舟来源与纪念屈原的传说都从中原传播而来,这与中原移民岭南一脉相承。扒龙舟过去是习俗,如今已经成为体育局主抓的全民健身活动项目。深入田野调研时,为了联络上当地村民,笔者会给龙舟协会会长以及当地龙舟负责人赠送礼物,带上手信;为了引导笔者进入扒龙舟的现场,龙舟协会会长在举办龙舟赛的过程中会提着水、带着烟,犒劳所有参与龙舟赛的"扒手"们。礼物的呈现不是给予神灵,而是给予参赛选手,无论赠予谁,都需要经济条件做基础。

二、舞龙或者扒龙舟的队员需要日常开销

物质基础也是粤北民俗体育龙文化活动开展的基本条件。在舞香火龙以及犁市镇扒龙舟活动开展现场,村民们讲起过去参与活动"不要钱"。一是当时的经济条件并不富足;二是人们还没有被市场经济裹挟,大家有钱出钱,有力出力,每家每户准备几个菜,村民们聚在一起享用美食感受乐趣,分享快乐。随着改革开放,粤北民族地区农民对美好生活的需求与自身所拥有的经济条件之间出现矛盾,于是农民纷纷外出打工、做生意,不断地提高

---

① 冯强,涂传飞,熊晓正.马塞尔·莫斯的"礼物交换理论"对民俗体育活动的启示[J].武汉体育学院学报,2012,46(6):15-19.

家庭经济收入。随着对经济收入的需求不断增长,劳动付出与金钱挂钩,参与民俗体育活动也脱离不了物质条件作保障。经济因素处于一定的阈值范围内,民俗体育活动能开展得比较红火。当主要生活方式处于农作物耕种时,人们祈求上天降福的时期,会热心参与民俗体育活动。那时候虽然没有钱,但是待在农村的农民有充裕的时间。随着经济条件变好,人们对物质财富的追求永无止境,反过来伤害了民俗体育龙文化。

精神文化需求的前提是解决温饱问题。为了生存,为了孩子的教育、父母长辈的养老,为了提高生活质量,在市场经济体制改革背景下村民外出打工。每当村里组织活动,有些因素不得不考虑,有些人本身是有工作的,如果为了回来扒龙舟参与训练,耽搁几天时间问题虽然不是很大,但是养家糊口的当家人完全不考虑成本与受益似乎不现实。在调研中,ZGQ 给笔者算了一笔账,"一是伙食费,一支参与训练的扒龙舟的队员组织训练每天伙食费大约是 1000 元,包括早餐、中餐,还有喝水等费用。为了取得比赛的名次无论如何都需要 10 天左右,当然训练时间越长效果越好,但是花销也会更大。二是聚餐费,参加龙舟赛代表的是整个村庄的荣誉,所以龙舟赛结束时需组织整个村庄的人都来聚餐祝贺,即吃龙舟饭,估计花费需六七万元。三是误工补助,参与扒龙舟的队员每天或多或少得给予一定的经费补偿,哪怕按每天补助的最低标准 100 元,也是一笔不小的开支"。ZGQ 继续说:"除了吃饭和少量的工时费,有时候也会发点补助,听说有的龙舟队没有怎么训练,每天发 300 元的伙食费,对于收入不高的村民来说,每天 300 元的收入还是有吸引力的,如果完全不给伙食费,村民参与扒龙舟的积极性肯定会大打折扣。"

可见,经济基础是民族体育龙文化开展的基本条件。如果没有政府拨款或民众捐款,龙文化活动基本上没有办法开展。笔者考察的这个典型案例中,人们在舞龙或者扒龙舟的过程中都能够或多或少有一定的收益,如果没有收益,他们都表示玩不起来。这也许就是马克斯·韦伯认为的工具理性,即人们为达到精心选择的目的,会考虑各种可能的手段及其附带的后果,以选择最有效的手段行动。因此,持工具理性的人,不是看重行为本身的价值,而是看重所选行为能否作为达到目的的有效手段①。

三、龙舟训练最大的障碍就是训练经费

传统扒龙舟转型为竞技赛事后,训练必不可少。龙舟竞渡自产生之初就争输赢,现在参与竞赛更在乎输赢,那就需要组织相对规范和科学的训练,训练经费问题成为龙舟训练最大的问题。在调查中,退休美术教师侯老师介绍说:扒龙舟在传统里是争输赢,都是靠蛮劲,比如下园村赢了就没有什么问题,但是水口村、黄塘村赢了的话就会发生斗殴事件。争先是传统扒龙舟的重要内容,争先的关键在于龙舟训练。

首先,民俗体育龙文化已经与经济紧密联系在一起。过去不讲钱的时代不复存在,现在参与训练需要训练费作支撑,参与多长时间得发多少补助,参加的村民都会权衡与计算。有些村庄就存在“没有钱就不划,不可能捐钱”的思想,靠着有钱就训练,没有钱的话就看给多少训练费就训练多长时间,这样的话训练很难出成绩。参赛队员如果参与长时间训练没有训练费,也很难坚持。

其次,器材的租借、购买都需要费用。集体项目如扒龙舟的开销不是一个人能够解决的,需要集各方之力。有些龙舟队的队员为了平时训练或者以后比赛用起来更加方便,会将比赛获奖的奖金用于购买高级的钢化桨。但如果不获奖,又难得拉到赞助,训练的器材很难更新,某种程度上不利于训练。

最后,集体项目的训练经费与自觉自愿付费锻炼存在差异。有些年轻人下班后积极主动参与健身,购买健身卡,进入健身房,也是很正常的事情,

---

① 马克斯·韦伯.经济与社会(上卷)［M］.林荣远,译.北京:商务印书馆,1997.

但是在参加集体项目上,如果没有训练费积极性就会大减。在村民眼里,个人训练与参与集体活动的训练无法等同。

四、经济条件影响着人们参与龙文化活动

经济条件限制人们参加民俗体育龙文化活动,几乎得到了民众的广泛共识。访谈中 ZGQ 认为,扒龙舟活动需要大量经费,没有经费根本没人参加,2020 年因为经费问题,村里没有组织聚会,以前扒完龙舟都会在书记家煮饭,村民一起聚餐。训练时筹集的经费如果不能满足扒龙舟选手的总体费用,很多人就会不来训练或者很晚才来训练,训练时间不够,队员之间配合不默契的话肯定会影响比赛成绩。笔者在调研中还发现,有的人平时没有时间训练,但是比赛时就表示有时间参与,原因在于训练经费非常有限,而比赛肯定有经费。此外,经费多的龙舟队活动开展得就比较好,他们每年比赛成绩好,获得的奖金也多,形成良性循环。参与龙舟"走亲戚",也可以礼尚往来,这些都需要经费做支撑。如果经费足够,甚至能够请邻村的龙舟队员来帮忙,能维持龙舟活动的开展。

犁市镇龙舟协会 MDL 认为,犁市镇扒龙舟 10 年没有拿到前 8 名,之前扒龙舟主要是 2002 年以前,需要对人员进行选拔,2002 年之后参与龙舟赛的,都需要搞经费。以前的龙舟坐下来就可划,村民"耕田"后一起娱乐扒龙舟不太讲究回报,但是现在的人大多在外面打工,习惯了劳有所得、付出劳动讲究经济收入,养家养口排在首位。以前扒龙舟不需要排练,划成什么样子是什么样子,端午前几天下水扒龙舟。现在要进行比赛,端午节没有过去那样热闹了,村里杀猪宰羊,走亲戚,每个村领队之间关系很好,走亲串村,礼尚往来。很多村民认为韶关龙舟赛很重要,如果端午节没有了扒龙舟感觉缺失节日氛围,希望把习俗传承好,他们还认为拿不到名次是件很苦恼的事情,不仅影响经济收入,更重要的是影响村小组的集体荣誉。

ZGQ 还说:我们这个村大老板少,能给予绝对支持和保障的经费条件略

有不足,对村里扒龙舟活动或多或少存在影响,1989 年,我们村还自己打龙舟,将购买的旧龙舟改装成新龙舟,划了很多年。洪水来之前扒龙舟被禁止参赛,2006 年,洪水将一个村分成了两三个点,大家要建设新农村,重新建设新家,根本没有心思组织扒龙舟。2007 年、2008 年,新房子乃至村庄建好之后,每家每户都想方设法出去挣钱。侯屋村的人都很爱扒龙舟,虽然曾经因为村落搬迁产生过意见,现在村里有 5 条龙舟,王屋村 2 条,李屋村 1 条,侯屋村 2 条。很多人出去工作难得回来,扒龙舟的人没有完全回来,扒龙舟组织者和龙舟队员自身也会衡量自己的技术,如果想扒龙舟的人没有力气的话,也扒不出名次。"重建家门"——咸丰皇帝曾经题词村庄大门,写着"拨魁"两个字,重修大门时就顺便雕了大门,曾经所有的"侯姓"聚居一处,后来逐渐搬离。犁市镇狮塘村全村姓侯,都是从这里搬出去的,留下来的没有搬离的是最穷的,没有能力搬离的人户。每年 3 月 3 日,狮塘村全村人都来拜山,也会赞助龙舟赛。

经济条件影响人们参与龙舟活动,主要是扒龙舟人数难凑,但是村里却有人另起炉灶。这是因为有单位愿意出资赞助,村民挂名其单位参赛,愿意单独组队,除了钱,其也夹杂着热爱、争气等多种情感。

笔者与曾经组织龙舟队的 ZGQ 聊天:您好,你曾经提起村民非常喜欢扒龙舟,都是积极参与捐助,您认为村里的经费问题是否会影响龙舟的发展?

ZGQ:喜欢确实是喜欢,扒龙舟过程中关于钱的问题也很敏感,大家都在观望,捐钱给扒龙舟的队员瓜分,心里肯定有所期待,否则难以平衡。村里最早准备组织今年龙舟赛的人把村民们捐助的钱都退回去了,被动加入我们组织的龙舟队,打鼓的那个队员跟另外一个"扒手"是亲戚关系,在其他赞助商赞助衣服时,他们坚持让人家捐钱,还抵制穿人家捐助的衣服。关于 ZCH,他是组织者之一,他在借船、借鼓、借训练场地等方面有人脉资源优势,他原本是村里的龙舟主力,跟市体育局关系很好。他前两年在组织龙舟赛过程中,挪用了捐来的活动经费,有村民在背后议论他,他不好意思再在村里组织活动。他又很喜欢龙舟活动,所以没有人敢强求他回村里参加龙舟赛。他愿意代表新丰出队。这说明人家看得起他,通过参加龙舟赛也可以获得一定的福利,他自己也在努力,他还这么年轻,需要通过努力得到民众认可。比如村里年轻人结婚,我们都会封红包、买鞭炮等,一起聚在一起热闹,平时感情好了以后扒龙舟心才会更加齐。

YFQ:没有钱肯定不行,以前大家一样,现在传承人有传承经费肯定不一样了。农村人干农活一天也要 100 元、200 元钱,参与舞龙有钱大家肯定很开心,没有钱大家都不想参与了。希望政府、文化馆制定好传承经费分配方案,不能因为传承费发放不合理打消了村民的积极性,不要让国家级非物质文化遗产被搞毁了。

经济条件是人们参与民俗体育龙活动的基础。只有经济条件好的人才能够按照自己的意愿参加民俗体育龙活动,如果经济条件受限,人们为了生活不得不"脱域"。此外,在传承人经费上,几个龙活动的经费问题都引起争议与纠纷,如挪用传承人经费或者市体育局下拨的训练经费等,说明在经济条件有限的情况下,经济利益的诱惑让少数人无法抵抗,不参加龙文化活动甚至破坏龙文化的精神。

五、经济条件使龙文化发展不同步

经济条件发展成为影响民俗体育龙文化发展的"双刃剑"。美国社会学家奥本格认为,"物质文化是全部非物质文化变迁的最终源泉"。怀特发明了能量积累定律,认为只要在生产技术水平发展到一定阶段就可以引发观念文化和价值标准的改变。

经济基础是民俗体育活动开展的物质条件,没有一定的经济基础作保障,缺乏活动开展的物质保证,缺乏活动参与的经费支撑,缺少激发民众参与的热情,而当经济条件发展到一定水平,人们具备了脱离土生土长的乡村环境。YFQ 感叹道:白竹片村民主要种植水稻,其次会种些花生、番薯,水稻多的七亩左右,能够生产五六千斤,少的一亩左右能生产一千斤左右,留够自家吃,多余的就卖了,一斤稻子 2 元,番薯主要是给猪吃。农民靠种地是很难养活一家人的,年轻一辈主要是去珠江三角洲打工赚钱,有钱之后要么在东莞、佛山等地成家,要么在百顺镇上买房子。经济宽裕之后的住房格局破坏了传统的居住形式,逐渐淡化了人们交往的热情和渠道,无形之中伤害了民俗体育龙文化的发展。

舞香火龙所在的百顺镇白竹片村,因为地理位置距离城市较远,人们的经济收入非常有限,所以纷纷逃到了珠江三角洲或其他地方去谋生。舞香火龙的人群参与者,出现了人群老龄化现象,发展态势岌岌可危。舞香火龙的经费主要源于政府拨款,以及传承人的传承经费承担一部分。距离城市较近的犁市镇扒龙舟,地理位置离城市较近,扒龙舟成为儿童到老年人都非常喜欢的运动项目,他们参与龙舟竞赛,除了政府拨款,传承人筹集,还有龙舟队员们捐助甚至全村村民捐助,筹款形式多样。犁市镇中学还开了训练基地,发展态势较好。当然也有的龙文化明显处于断裂阶段,几十年难以出现一次,经济条件决定了民俗体育发展的态势。

第二节　地理环境是民俗体育文化发展的先决条件

伍兹指出:文化必须在适宜的环境中才能发展。博厄斯带领他的学生发展了"文化区"的概念,他认为文化的发明与传播有必要考虑一直被忽略的空间及环境的影响[①]。孟德斯鸠在《论法的精神》中认为"气候王国才是一切王国的第一位",拉策尔认为地理环境对整个民族的体质和精神都起着决定性的作用,随后不少学者采用地理环境决定论来解释世界各地的文化差异,而历史特殊论学派提倡地理环境可能论。

———————————

① 克莱德·伍兹.文化变迁[M].施惟达,胡华生,译.昆明:云南教育出版社,1989.

一、龙文化在不同的地理环境中发展

"地理环境并不创造技艺和习俗,它只是给你机会或是不给你机会。"①
粤北位于广东省北部,目前包括韶关和清远地区,东邻江西赣州,南接广州、
肇庆和惠州,西接广西,北接湖南郴州,大部分区域为山地和丘陵,属于南岭
山地。地貌上,山地丘陵为主,地势北高南低,本区自北向南,形成了三列大
体平行向南的弧形山系,构成山字形构造,第一、二列弧形山形之间为浈江
与武江水河谷。北江干流切过第二、三列弧形山系,与浈江、武江、瀚江和连
江构成羽毛状水系②,粤北地区的百顺地区位于山岭之上,海拔地势最高,而
犁市镇扒龙舟位于浈江河畔。"龙"能呼风唤雨,"龙"活动由于地理环境的
改变带来生活环境的改变,"舟"的生活村庄迁移,从地理环境造成"舟"的
人文环境的改变,乃至中断了好几年。

地理环境是人类生存和社会发展无法脱离的物质空间,文化的起源、产
生、创造、变异等都离不开地理环境,人们在社会生产实践中孕育出不同的
生产生活方式,如游牧、农耕和商业文化,是民俗体育龙文化依赖的先决
条件。

一旦外部的生态环境发生改变,民俗体育龙文化必然受到巨大的影响。
扒龙舟的犁市镇,由于涨大水,村庄搬迁。舟即船,本身是住在浈江河两岸
的村民打渔和往返交通互动的日常工具,因为生活方式改变、道路的修建,
人们开车回家,舟慢慢淡出人们的生活,"龙舟"文化必然也产生物质、精神
以及活动层面的变化。

城镇化建设破坏了民俗体育龙文化依存的地理环境,它将过去农民祖
祖辈辈居住的居住格局彻底打破。随着市场经济的发展,城镇化建设推进,

---

① 张岳,熊花,常棣.文化学概论[M].北京:知识产权出版社,2018.
② 徐剑,邹佩贞,温彩燕,等.粤北脊椎动物资源与分类[M].广州:广东科技出版社,2003.

人们搬离农村,到镇上或是城市里安居乐业,传统血缘和地缘关系逐渐疏远,完全破坏了传统的民俗体育生存的环境,必然带来传承困境。

二、不同的地理位置文化变迁方式不同

根据地形特点,山区舞香火龙,多宗族姓氏居住地舞九十九节龙,具有悠久历史的新田村舞板凳龙,傍河居住的犁市镇扒龙舟,远离河边的村落还可以创新性地创编旱龙船。

交通便利或离城市远近会影响到龙文化的发展。崇山峻岭、山路十八弯的百顺香火龙受影响最小。离市里最近的扒龙舟已经转型成为现代体育运动竞技项目,不是自在自发,还需要组织训练,如果不组织训练别说拿名次,就自身来说身体也很难吃得消。

钱穆在《文化学大义》中指出:各地文化精神之不同,究其原因,无外乎地理环境的差别,因为地理环境影响到人们的生产和生活方式,进而影响到文化精神①。地理环境是人们生存和发展的基础,是人类在大自然中进行社会实践的结果。民俗体育文化依赖的条件随着市场经济的发展,商品住宅的出现,宗族聚居的方式发生了翻天覆地的变化,特别是远离城市中心的市民一旦逃离,不再愿意回归本土,完全破坏了民俗体育龙文化的生存环境。

第三节　人是民俗体育龙文化活动发展的主体

马林诺夫斯基在《文化论》中将文化的各方面分为三类:物质、精神和语言。物质提供给人生活的环境和条件,是人类进步的原动力,精神层面是指人们运用理智、道德的见解去运用物质,物质才体现出价值和用处,人工环

---

① 钱穆.文化学大义[M].北京:九州出版社,2012.

境或物质设备是机体在幼年时代养成的条件反射、冲动和情感倾向的实验室①。无论是物质层面还是精神层面,其主体都是人,民俗体育龙文化过程中的人其实包括三类:行政官员、传承人与民众。

一、人口流动影响文化的发展

在心理人类学中,爱德华·布鲁勒认为,学习得越早的东西越难变迁,他相信儿时学习的东西比如语言、面部表情、道德伦理等标准、基本的动作习惯等比成人后获得的特质更加难以改变②。

1.行政官员是民俗体育龙文化发展的管理者

民俗体育龙文化归属于中国非物质文化遗产保护中心管理,当然龙舟既属于中国非物质文化遗产保护中心管理,也归属于市体育局管理。从"皇权不下乡"发展到"中国农村基层管理网格化",从精准扶贫干部下沉到村组,甚至对接入村到户,政府管理起着指挥棒的作用。经费下拨权力归属于行政机关。舞香火龙第四代传承人 FJG 的夫人 HSY 说:"他们说发放传承人的钱,我想给你就给你,想不给你就不给你。"这话在传承人传承群体认定出现偏差的时候,某些工作人员对传承经费与工资之间的界定不清导致出现纠纷,但是总体上也能看出政府工作人员行驶着管理权力。

2.传承人是民俗体育龙文化的牵头人

2008 年,《国家级非物质文化遗产项目代表性传承人认定与管理暂行办法》发布,提出符合以下条件的公民可以申请:掌握并承续某项国家级非物质文化遗产;在一定区域或领域内被公认为具有代表性和影响力;积极开展

---

① 马林诺夫斯基.文化论[M].费孝通,等译.北京:中国民间文艺出版社,1987.
② 克莱德·伍兹.文化变迁[M].施惟达,胡华生,译.昆明:云南教育出版社,1989.

传承活动,培养后继人才,专门注明从事非物质文化资料收集、整理和研究的人员不得认定为国家级非物质文化遗产项目代表性传承人。传承人在龙文化活动中起着组织、传承活动的主体作用。在百顺香火龙评定第四代传承人的过程中,原本是集体项目的传承人却是 FJG 一人被授予"传承人"称号,获得相关荣誉。在村民得知舞香火龙有经费且发在传承人一个人的银行账户里,但传承人分文不拿出来分享甚至组织开展活动时,整个村落的村民提出反对意见进行抗议,集体联名写上诉书,要求将传承人经费拿出来分给其他成员。传承人坚持认为传承人经费为自己劳动所得,争执不下,村民们义愤填膺,传承活动因故中止。2017 年中央电视台下乡采风拍摄《文明密码》,村委会召集其他成员组织开展活动时都直接跳过第四代传承人。他们想充分证明舞香火龙是白竹片村祖辈集体智慧的结晶,不是哪一个人能承担起传承重任,单独成为传承人。但是活动会在第五代代表性传承人指挥下开展,充分说明舞香火龙这种集体性项目应该设有代表性传承群体和传承人,传承人需具备组织活动的能力和权威,评定代表性传承人,除了传承人的代表性影响外,他在传承与发展民俗体育活动龙文化过程中需起着牵头人的作用。

3.传承人是民俗体育龙文化的召集者

民俗体育龙文化活动是集体性活动,在组织过程中需要传承人担任召集人角色。犁市镇扒龙舟是由浈江沿江各村的龙舟队组成,传承人 MDL 担任过村主任,也做过生意,积累了一定的财富,在村落有一定的威望。每次端午节前,他会根据上级要求通知各村委组织龙舟赛,规模大小根据经费而定。经费来源除了国家非物质文化遗产保护中心拨款,各县市区政府拨款,还有各村组拉的赞助,MDL 凭借自身优势召集各村组织各村龙舟队。无论以传统扒龙舟形式开始还是参加市里组织的龙舟赛,他都会联系媒体进行宣传报道,组织村民积极参与,是龙文化的促成者。叟里元九十九节龙所在的艺术联合会会长在自家房屋建造上装饰了龙,以龙攀屋檐,装饰得金碧辉煌。虽然各种原因限制了龙活动的开展,但是必须承认声势浩大的活动的召集确实不易。

4.龙活动参与者的主体意识改变了龙活动的发展方向

随着社会的飞速发展,农业社会向工业化、城镇化、信息化社会发展,民俗体育龙文化的参与者过去过着"日出而作,日落而息"的自给自足的生活。闲暇时间,龙文化活动既是祭神,祈求国泰民安、风调雨顺,也是娱乐自身。随着国家对文化艺术活动的倡导,对非物质文化遗产的保护,以及计划经济向市场经济转轨,农村人口向城市转移,人口流动频繁,城市住宅商品化,住房价格节节攀升,原本依附于民俗空间的龙文化逐渐演变成"经济附属品"。年轻的参与者认为没有钱根本就不会有人参加。此外,年老一代喜欢传统文化,害怕祖先遗留下来的传统文化失传。民俗体育龙文化朝着现代化方向发展需要不断创新,不进行创新很难适应现代人的文化需求。正如古代奥运会,始于宗教祭祀仪式,通过改造形式、改变内容或者改变功能,发展成现代奥林匹克运动会,从人文奥运走向绿色奥运、科技奥运,不断与现代社会发展相融合,从民俗传统体育文化的宗教性向竞技、健身、商业、娱乐、科技等多元性方向发展。

5.民俗体育主体的观念转变是渐进和漫长的过程

民俗体育龙文化中有些规则与禁忌,对于不同年龄的人群来说,看法存在差异。人在出生初期接受的观念和教育一般难以改变,如在粤北民俗体育龙文化中,年长者非常相信龙的神奇。据说一次在南雄进行文艺演出,原本是狂风暴雨,轮到香火龙演出时,居然风停了,雨也停了。依据朴素的哲学辩证法,村民们认为偶然预示着必然,必然是由多个偶然所组成的。笔者曾调研汉水流域龙文化,那里的参与者也讲述过类似的神奇故事,有次在北京进行舞"高龙"表演,狂风暴雨骤停的故事与百顺香火龙传说如出一辙。观念文化属于文化的精神文化,是文化的核心层次,并非一朝一夕所达成。2022年春节,笔者在百顺调研舞香火龙,据说村里有两个村民没有来参加舞香火龙的相关活动,村民说这两个人属虎,"今天是虎日,扎龙的话怕相冲,所以没来"。这充分说明老年人的观点像花岗岩一般坚实,难以改变。村里大部分老年人都来参与舞香火龙的活动,也印证了老年人对龙文化的信仰,相信舞香火龙能带来风调雨顺。

现场参与的年轻人并不是太多,从龙文化的精神层面来说,他们接受了高等教育以及现代信息知识,对于祖先信仰的成分随着社会快速发展有所改变。另外,龙活动的经济效益对于他们来说,没有足够的吸引力,YFQ称每年这个村子大大小小、老老少少都会回来参加活动。但他的儿子就因为去走亲戚未来参加舞香火龙,这充分说明青年人在舞香火龙与走亲戚的重要性之间有所权衡。舞香火龙只有这么一次,而走亲戚是整个春节期间,孰重孰轻窥见青年人对其态度与年长一代存在差异。此外,在扎制香火龙的过程中,虽然沿袭着草龙扎法和燃香的插法,但是在钻孔、燃香制作等方面已经根据现代化技术进行了改进,使香火龙既遵循传统的信仰和禁忌,又适应现代化社会发展的需要,便于扎制和舞动。龙王庙是祭祀龙王的场域,以庙会祭祀仪式来教化民众"长幼有序"的等级次第,维系传统社会的组织结构,其中活跃在政府和民众之间的乡绅成为组织民俗体育活动的精英。

从性别上来看,粤北民俗体育龙文化的精神层面已经发生了很大变化。产生于封建社会的龙文化崇尚"真命天子",对女性的身体和思想进行禁锢,正如福柯在《规训与惩罚》中指出的:"通过规训使肉体动作微妙控制,肉体动作处于永久服从。"①随着社会解放以及改革开放,人们的思想观念逐渐解

---

① 米歇尔·福柯.规训与惩罚:监狱的诞生[M].刘北成,杨远婴,译.北京:生活·读书·新知三联书店,1999.

放，女性不再是男人的附庸，无论是工作机会还是工作场合中，女子拥有了与男子同样的受教育、就业、晋升的权力。女性在民俗体育龙文化活动中同样参与相关事务。例如，在香火龙活动中，做后勤、烤制燃香、梳理稻草等工作，妇女跟男人一样参与。女性是民俗体育龙文化活动中的重要参与者。虽然女性依然不能参与舞香火龙，但是人们的观念已经在逐渐改变。

二、人口数量和质量发生改变

人是文化的主体，是文化生成以及文化变迁的主要成分。弗洛贝纽斯认为"文化没有脚，而是靠人类的搬运与传播"。一个自然村落其人口数量以及人口质量都会影响到文化传承。ZGQ 回忆，"人口是影响我们村扒龙舟的主要因素，因为过去一家生五六个小孩，随便都可以找到扒龙舟的人，而现在孩子少了，所以扒龙舟的人就没有那么多了"。另外，"韶关市龙舟赛总共 16 条龙舟，我们下园村就有 5 条，下园村只是犁市镇的一个行政村，犁市镇总共 15 个行政村，韶关市辖区两市、五县、三区，一个县或者一个市才组织一条龙舟，或者行政村组织一条龙舟，我们下园村就组织了五条龙舟，侯屋村全部是自己的村民，侯屋村还有的人另外组织了龙舟，你说我们的划手怎么够？"访谈中，他们将目前龙舟传承困难原因归结为参与人数少了。事实上，笔者在调查了解过程中发现部分村民外出务工、做生意，临到端午节不能回来参加龙舟活动，一方面，外出务工减少了回乡参与扒龙舟的潜在人数；另一方面，外出务工、做生意或者移居外地的村民在与外界接触的过程中，思想与行为模式也受到潜移默化的影响，人口素质在发展改变。

三、喜欢龙文化是世代相传的文化认同——情感需求

文化认同体现了民俗体育龙文化的家国情怀。ZGQ2019 年组织侯屋龙舟队的训练，认为喜欢扒龙舟是情感需求，在组织过程中可能会出现很多麻烦事情，但是喜欢的情感会使他们克服困难，让扒龙舟能够传承。

　　笔者：你认为村民们喜欢扒龙舟吗？有没有一些具体事例？

　　ZGQ：我与我侄子缺一不可，其他人就算搞起来也没劲，我是外围的，负责市体育局这边，我布置得很细心。我与我侄子每天都在船上，每天都需要管理、协调一些小矛盾，在训练中通常会出现"你不该这样划""他不该那样使劲"，你说我不行，我说你不对，每天为这样的小事生气，出现小矛盾，每天都会争吵，我需要做大量的调解工作。必须要有"精英"主场，就是需要"核心力量"。我们村曾经获得过"体育道德奖"，整个村都吃了"龙舟饭"，当然要是经费不够，那么龙舟饭可能就省略了。我曾经带了一批人赛前去佛山训练一周，持续到第三年，我们村的龙舟队成绩越来越好，获得了受表彰的前八名。还给你讲个案例，就是村民喜欢扒龙舟，我有个侄子ZCH以前也组织过龙舟训练。他学习过柔道，办过体育训练培训班，组织起来也很有方法，但是因为在组织龙舟训练过程中与村民发生了点经济上的小矛盾，就是去年体育局下拨的5000元钱打在他个人账户里，估计他欠了银行的钱，账户被禁期限内拿不出来钱，他虽然承诺10月份把钱发到队员们手中，但是拖到清明节大家聚餐时还没有给。他又承诺说龙舟下水前给，有的队员就在组队前公然提出了反对意见，说旧账未结清，怎么划？这事也在村里传得沸沸扬扬，说他挪用公款，这样搞得他很没有面子，但是他的确很喜欢扒龙舟，于是他另起炉灶，在市区组织了一帮年龄相仿的年轻人一起，在体育局单独申请了一条船组队训练，参与扒龙舟赛。

　　这样龙舟队的实力就被分散了。还有一个村民是当兵回来的，本来很喜欢扒龙舟，队员说他腰没有力，他感觉被别人瞧不起就懒得参与了。还有一个村民在比亚迪工作，今年正好公司派他去深圳学习，所以没有返回村里来扒龙舟，要是扒龙舟的主力都回来，我们的成绩可能会更好。

　　在曾经组织过龙舟赛的ZGQ看来，人员流动弱化了本村组龙舟队的实力。从他的讲述中可以看出，有些确实因为经济原因或者经济矛盾不能回来参加扒龙舟，其他人基本上能够回来都会回来，毕竟这里的人对扒龙舟文化具有认同感,只有参与其中才能够感受、体验自己是这里的一分子,既是对自我身份的认同,也是对社区群体身份的认同。

四、观念改变扩大了民俗体育主体

粤北民俗体育龙文化,定型于夫为妻纲、父为子纲的封建社会,女性角色定位"妇者,服也",女性从属于男权社会,缠足、裹胸。福柯在《规训与惩罚》一书中指出,规训就是使肉体运作的微妙控制成为可能的,使肉体的种种力量永久服从的,并施于这些力量一种温驯而有用的关系的方法。缠足、裹胸这些微妙的动作剥夺了女性的健康权。20世纪以来,中国妇女得到了极大的解放,随着农业化社会向工业化社会过渡,信息化与现代社会的来临,女性享有与男子同等的受教育权、健康权。过去仅限于男性参与的民俗体育龙活动,在现代转型过程中,不仅锻炼身体,还能愉悦身心。随着人们观念的转变,女性有了参与民俗体育活动的机遇,民俗体育活动不再是求神拜佛的信仰和礼物总体呈现,而是具有健身、经济等功能。随着民俗体育主体观念的改变,民族体育文化的场域从过去的村落扩大到社区、学校甚至是竞技场,民俗体育的主体从过去的村民扩展到了学校的学生以及少数从乡村走向城市的市民。

五、传承人遴选影响龙文化的发展

传承人是非物质文化传承的关键。有学者认为,因为传承人认定方面,来源群体本身参与严重不足,传承人的类型不能够很好地还原历史生态,代表性传承人的认定"独占性"在一定程度上降低了民众参与传承民俗体育龙文化的积极性。

传承人纠纷让舞香火龙近乎停滞。在南雄市百顺镇白竹片村舞香火龙的田野调查中,村民们对舞香火龙传承代表推荐的程序存在异议。首先,香火龙第四代传承人自身不具有撰写文字材料的能力,他是小学文化水平,普通话也不标准,在评选过程中未经过传承群体的认同。另外,即便当时民众认为他具备代表人资格,但是代表性传承人始终无法代替传承群体,于是村小组采用了"协议"的方式进行协调,甚至在组织活动时不允许传承人参加,将其边缘化。每个人都义愤填膺,觉得舞香火龙是大家的、公众的,而不应该是他私人的、单独的,这种矛盾与纠纷让舞香火龙活动中途停止,消磨了人们参与舞香火龙的热情。其次,香火龙第五代传承人代表虽然签订了合同,依然存在着挪用经费的情况,说明传承人群体的认定上出现了问题,群体传承误定为代表性个人传承,伤害了民众的感情。

选择有威望、大家认可的非物质文化遗产传承人有助于民俗体育龙文化的传承与发展。在谈及扒龙舟活动一直开展得如火如荼的原因时,ZGQ这样说:"第一,MDL 被遴选为会长,是因为 1997—2007 年他很会扒龙舟,他曾经去香港、澳门划过,还去肇庆划过两次龙舟。那时候 60 多条船,在 200米竞赛中他们拿了第二名,龙舟赛他有成绩,算是具备一定的扒龙舟老资格。第二,具有威望和广泛的人脉关系,因为他以前做过大队村支书,认识周边各个村庄的村支书,又做过生意,认识很多有钱的朋友,所以他来组织龙舟活动,无论是各村的统筹还是资金筹措上都具有独特的优势。不过组织龙舟赛确实比较辛苦,通常他会组织村民建立微信群,比如侯屋村一个龙舟队就有 80 多个村民在群里,然后建立龙舟训练精英群,在龙舟训练过程中讨论每天发生的各种情况。"

从调查中得知,民俗体育龙文化传承人如果选择得当,能够有效调动民众参与龙文化活动的热情。如果选择不当,不仅不能给民俗体育龙文化活动带来良性发展,还可能会使其停滞不前。

第四节　民间组织是民俗体育龙文化的组织保障

摩尔根在《古代社会》中提出,人类永恒的欲望组成为氏族、胞族、部落,社会制度以及政治制度的形成与氏族、胞族、部落成员权利义务紧密相连，人类中的各种制度都是保证成员应有的权利与义务①。恩格斯高度赞誉《古代社会》，认为它是"一本像达尔文著作对于生物学那样具有决定意义的书"，充分体现了唯物史观，在此基础上写成了著名的《家庭、私有制和国家的起源》，并且提出"农业是整个古代世界的决定性的生产部门"。恩格斯和马克思从古代社会结构的角度讨论农业在古代社会的地位，柴尔德通过人类社会的历史进程角度考察农业的出现，并且把农业的出现与文明起源联系起来。农业革命促进社会分工与分层②，促进乡村不同的治理模式，没有农村组织结构的稳定，民俗体育龙文化就难以保持顺畅。

一、传统时期以乡绅为主的民间组织

民间组织不是权力与行政机构，而是不同社会群体出于公共性的目的创建的非政府性的社会团体，通常非营利性的民间组织的合法性需要政府的支持和授权。此外，在组织建设过程中，需要参与者形成共同的信念和共识。明清时期，乡绅生长于本土社会，且对当地的情况比较了解，能够借助民间组织与各级政府官员直接对话，长期主导着基层的公共事业，有上百年甚至数百年的绵延，不过其根基在于相应的财产也被称为"公产"，法人产权保证了民间组织的独立、持续和稳定等特性③。它通常是以公开透明的权、责、利治理模式，以民间组织的名义，长期稳定地维护着基层的秩序。无论是白竹片村的舞香火龙、叟里元村的九十九节龙，还是新田村的板凳龙，以及犁市镇的扒龙舟，基本上都是从属于农村的乡绅主宰的以宗族组织为主要形式的民间组织。如果脱离了制度化的民间组织，乡绅或者士绅就很难发挥作用。

---

① 莫尔根.古代社会[M].杨东莼,张栗原,冯汉骥,译.北京:生活・读书・新知三联书店,1957.
② 张成权.中国文化漫谈[M].合肥:安徽大学出版社,2013.
③ 龙登高,王明,陈月圆.明清时期中国的民间组织与基层秩序[J].民族研究,2021(6):80-92,137.

新中国成立后,各地文化主管部门纷纷推进农村文艺俱乐部建设,开展各种宣传活动。后来,"大集体"生产经营模式打破了乡绅组织农村基层治理的民间组织形式,而是由村小组牵头组织各种生产和日常活动。据犁市镇扒龙舟的队员说,"过去大集体时参与扒龙舟,是采用计工分的形式",其实龙舟的组织者就是行政组织的末梢组织结构。

二、"文化大革命"时期民间组织的断裂

"文化大革命"时期,组织民俗体育龙文化的民间组织遭到彻底破坏,民俗体育龙活动断裂。

三、改革开放后民间组织的恢复与发展

"社会学之父"孔德阐释了社会有机体思想,社会如同生物一样是完整的有机体,个人是社会的构成要素,家庭是社会的基本细胞。阶级或种族是社会的组织,城市与社区是社会的器官,政府和管理部门是社会的调节系统,各有机体各司其职,又互相协调与配合①。斯宾塞在《社会学原理》中提出:社会各个部分虽然是独立的单位,却不是偶然凑在一起的,而是具有某种"长期"的关系,即社会中的共存现象。此外,他还提出人与人、民族与民族、国家与国家之间的竞争关系带来"适者生存"的社会进化论②。

十一届三中全会后,我国的工作重心转移到经济建设上来,农村实行家庭联产承包责任制。特别是改革开放之后,允许多种经济并存为农民改善生活提供了政策保障。传统社会精英逐步退出舞台,民俗体育龙文化活动由政府、社区和社会精英共同来组织,保障活动的顺利开展。比如说粤北犁市镇扒龙舟活动,它由市政府、市体育局、社区以及龙舟协会等进行组织,传

---

① 吴育林,卢晓坤.《马克思主义与社会科学方法论》导读[M].广州:中山大学出版社,2016.

② 柯继铭.世界名著速读[M].长春:吉林出版集团有限责任公司,2013.

统龙舟赛由龙舟协会主办。

笔者访谈现场民众:请问你认为龙舟一般由谁组织?是否由宗族组织?

黄塘村村民 HJA 回答:扒龙舟应该算是村委的事情吧?我不是专业队出身,娱乐一下,与侯屋队交情甚好。什么姓都有,比较杂。传统龙舟与现代龙舟扒手人数不一样,坐的方式也不一样。

另一个同村村民则说:还是以宗族为主吧!因为我所在的黄塘队百分之百就是姓黄,黄氏目前在村里还有祠堂,有族谱,这次扒龙舟获得了第五名,村委主任任领队,以前经常去参加比赛。但是没有出去进行专门的龙舟培训。关于赞助,哪个老板喜欢玩就赞助一点,一年大概能得到五六万元赞助,全村的龙舟饭,亲戚龙舟来两条,就要花一两万元。村里捐钱的老乡都要请过来吃龙舟饭,今年划了第五名,所以就不想请吃龙舟饭。训练费拿过来,参加比赛的人按 1 天 1 个工给钱,村委不动他们的钱。

宗族血脉在粤北民俗体育龙文化中占据着重要地位,特别是分田到户实行家庭联产承包责任制以来,家族之间互帮互助,相互之间的情感凝结得更加紧密。民俗体育龙文化活动是联系宗族之间以及与外姓之间关系的纽带。当然,现代民俗体育融入了现代性,在现代性的冲击下,很难回到过去的家族式组织形式,而是应该采用中国体育发展趋势中的协会制或者项目化。

粤北地区不同的民俗体育龙文化由于人们聚居的方式不同,民众重视程度不一样,组织形式也不尽相同。九十九节龙是在会长的指挥下进行的,文化馆工作人员都直言,"很难,得政府出面让九十九节龙来舞,因为不算正式出场舞龙,一个彩排都得花去人工工资四五万元,文化馆是没有这个实力进行组织的"。另外,涉及的人员很广,如果没有政府出面,很难组织起来。舞香火龙最初也是以民间艺术联合会的形式展演,三个村里的村民都一直在参与,但是随着其发展岌岌可危,在需要政府关照的基础上,还需要村组负责人、传承人以及观众共同参与,建设成为"四位一体"的组织格局。舞九十九节龙缺乏相应的制度支撑。在扒龙舟的过程中,运动项目转轨,它成功转型,从农民工到地道扒龙舟的传承人,协会制将是未来发展的趋势。

调研中得知,政府不组织,扒龙舟活动就难以开展。2022 年春节,国家级非物质文化遗产项目传承人坦言:"搞活动需要政府通知,如果政府没有通知,我们是不会搞的。"我国在对民俗体育龙文化的组织发展趋势进行探寻的过程中,应该着力想办法提高民众的文化自觉。

第五节　现代体育对民俗体育龙文化的冲击

文化在接触与碰撞过程中必然吸纳一部分,排斥一部分,特别是当中华民族传统文化在改革开放过程中与现代文化相碰撞时。早在 20 世纪 20、30 年代,学界就掀起了"土洋体育之争"的探讨,在与现代体育接触过程中势必对我国传统体育文化产生影响。

一、现代体育物质文化对龙文化的影响

文化传播因素决定文化变迁理论的典型代表是德国文化圈学派和英国极端传播学派,它们认可外来文化对文化变迁产生巨大影响,但提出将其作为唯一原因,显然是不可信的,不少文化变迁都是因为内容不断积累,导致文化特质发生转变。

舞龙与赛龙舟都已经被列入中国国家体育比赛项目。由于舞板凳龙与舞九十九节龙的次数非常少,舞板凳龙在 2010 年助力新田村申报广东省古村落进行了展演。舞九十九节龙在 2008 年举办了一次,是在 1931 年举办之后,1947 年巨龙古庵被炸毁,时隔六十多年之后第一次举办。舞九十九节龙的器材属于一次性创编,不具有分析的可持续性。舞香火龙的器材依然采用原生态的稻草,在信息化时代,高科技的物质产品更具魅力与诱惑力,因为青年一代更热衷于从事现代化的体育运动,对舞香火龙的参与度不高。

对于扒龙舟,过去每个村用长短不一的龙舟进行比赛。由于韶关市体育局和非物质文化遗产中心对民俗体育扒龙舟的重视,龙舟协会给每个传统扒龙舟的村落投放了标准化的龙舟用于村民训练。现代龙舟的造型以及统一性、规范性、标准化对民俗体育龙文化产生了影响。龙舟现代化器材为其精神文化提供物质条件,精神文化对物质文化具有反作用,龙舟转型首先表现在物质文化的现代化,从而将龙信仰转化为娱人的功能。

二、现代体育精神文化对龙文化主体的冲击

体育精神是一种国际化的伦理文化认同。不同的民族和国家,对体育精神有着不同的理解和影响,西方国家注重契约伦理,所以它产生了职业体育和职业体育的制度,注重职业化、市场化与国际化。中国民俗传统体育文化讲究儒学,崇尚礼、义、仁、智、信,受儒家学派以及道教影响较深。传统民俗体育龙文化从仪式流程上,尊重神灵与先辈,讲究"长幼有序"的等级观念,注重宗族组织文化、集体主义精神。在接触现代文化之后,人们更加注重自我价值和经济价值的体现,是市场经济的产物。

在调查中,有村民说:现在的村民参加龙舟赛是有钱就参加。例如,下园行政村除了侯屋村,还有王屋村、李屋村等自然村组建龙舟队,也曾出现其他区域赞助组建龙舟队的情况,根据钱决定训练时间,一天300元补助,没有钱就很难组织。

ZGQ说:如果一点补贴都没有,很难组织起来。侯屋村回来参加扒龙舟的很多人都是在佛山做生意,平时都有锻炼的习惯,大家都有自己的工作,能够离开妻儿、工作那么长时间真的不是一件简单的事情。领头人并不是有钱就能当的,还需要看是否有威望,是否性格好,今年村里组织的龙舟是村里在佛山做生意的这帮人组织起来的,刚开始也有人组织。但是太早或者时间太久的话,大家都担心能否从工作中抽身,不敢答应,所以村组微信群里较少人回应。到了该组织龙舟赛时,村里还是有不少人积极站出来进

行组织。甚至与村民之间因经济原因产生了点矛盾的青年人还在市体育局领了一条船组织训练，拉了村里的 12 人训练。

现代体育制度让传统的龙文化朝着市场化、标准化方向发展，人们可以运用传统民俗体育龙文化进行健身、娱乐和竞赛，能够"脱域"。

现代体育使人们的健身意识和文化生活需求加强，在市区单独组织龙舟训练的 ZCH 对笔者谈起扒龙舟的情况，认为扒龙舟不是靠威望，主要靠自觉、自愿，还要有人缘，当然村里扒龙舟是沿袭祖辈的传统，总会有人出面进行组织。ZCH 就曾经在村里组织过龙舟赛，那是整个村庄被洪水冲垮之后第一次组织扒龙舟，长期不组织龙舟赛，村里人都觉得端午节不热闹，经济条件转好之后村民都期盼着重启龙舟赛。当从体育部门领回龙舟，村民们自觉去扒龙舟，整个村的人都兴高采烈地去参与，延续过去大家齐扒龙舟和吃龙舟饭的美好时光。

龙舟竞赛建立在日积月累的训练基础上，村民感受到现代体育文化的熏陶，懂得体能训练的常态化以及龙舟技术形成的自动化机制，在长期训练中讲究动作的整齐划一，节奏合拍。对于生活在城市的年轻人来说，下班后组织训练比起专门请假回农村进行训练更加便捷，能够使运动训练常态化。另外，现代体育运动讲究器材的专门化与标准化，过去农村是自己动手制作龙舟器材，比起扒龙舟来龙舟本身是实力的象征。但现代龙舟赛中扒龙舟得比拼体力、技术、配合，如果想在龙舟赛中取得优异成绩，少说也得训练十天半个月，现代龙舟赛使训练专门化。

龙舟赛组织多样化之后，组织起来更加辛苦。看似弄条龙舟回来热闹热闹是很轻松的事情，其实不是。ZGQ 在与笔者交流组织龙舟赛的过程中，明显感觉组织龙舟参赛非常辛苦，因为涉及一个集体几十个人的意见统一，"同心协力"去为小组或宗族争光。现在很多人看重经济利益，过去捐钱才有资格参与扒龙舟，现在与捐钱多少关系不大，很多人为了经济收入外出打工，人少了根本没有办法组织，只有求爹爹告奶奶跟村民联系，请他们想方设法排除困难参加扒龙舟。在交谈中,他们感慨自己村还能组织几条船一起玩玩,隔壁村是大村,但是人心不齐,人手不够,根本没办法组队,后来只有与其他村组的队员组合,挂了其他区县的名去参赛。

现代体育逐渐市场化、商业化,对民俗体育龙文化的主体也产生了影响。现代体育与体育产业紧密联系在一起,组织龙舟赛过程中引起政府、企业、学校和社会的广泛参与,广告商、赞助商纷纷加入,电视台、自媒体纷纷报道,提高了龙舟赛事品牌,让民俗体育文化主体意识到传承传统文化的自豪感和重要性。在参与龙舟竞赛中他们能交流感情,化解矛盾。

党的二十大提出建设"健康中国"和"体育强国"。全民健身的各项指标是体育强国的基础,但由于我国体育设施基础薄弱,全民健身设施改善还只是今后一定时间内努力的方向。龙舟器材主要是竞赛使用,比完赛需要归还,市场化对于集体项目来说,能够刺激和带动部分民众的热情,同时也会限制部分人的参与热情。一切行为是建立在物质基础之上的,喜欢龙舟的情感源自血脉传承。但是政府插手之后,本来是民间的行为已经转化为政府的干预,没有政府的干预民众已经退缩到"配角"的位置。其实,他们本应该是民俗体育文化的传承者和创造者。一方面,他们血脉相连;另一方面,如何充分调动他们的积极性,使情感能量持续高涨,使其在物质市场与互动市场中发展短期情感和长期情感效益?现代体育对龙文化主体产生了极大的影响。

三、现代体育制度文化对龙文化管理局限

制度文化是指在调控和规范体育运动中,不同人群组成的社会关系构成的规章制度和组织机构的总称。现代体育制度有规范的参与规则、活动规则以及组织机构,而民俗体育龙文化也由民间组织进行组织,某种程度上较为松散,又存在严格的准入制度。其既有广泛性又有严格性,如凡是本村或本族的人都可以参与,限定在本村和宗族又具有严格性。随着民俗体育

龙文化的竞技化转型,农村组织的松散性与现代竞赛制度的规范性之间产生了偏差,在组织制度中无法采用正式制度对民众进行规范。随着市场化、城市化的发展,道德层面的约束似乎作用也微乎其微,因此出现了"另立门户"以及参赛者挪用经费等情况。在调查过程中,犁市镇有龙舟队队员向笔者提出了"内部矛盾"的问题。

ZGQ:有些人非常固执,比如给他们说了电视台要来拍照,做新闻宣传片,让他们穿统一的衣服,有一两个人较劲,就是不穿。不穿衣服就不让他们扒龙舟,结果他们又想参加扒龙舟,特地多买两套衣服,不印字,不印赞助商的品牌,他们自己掏钱,原因是这两个人之前准备组织龙舟活动赞助商未应许赞助。他们在清明节刚过就张罗组织龙舟赛,可能时间太早,在外打工的人都没有怎么回应,赞助商这边就没有谈妥。等到端午节临近,我和侄子回家组织龙舟活动,大家又都响应了,这两个人心里有些不舒服,因为最初要求赞助商捐衣服、捐钱,赞助商没有跟他们合作。他们较劲不接受赞助商赞助的衣服,但还是喜欢、愿意参与扒龙舟,担心被龙舟队员们孤立,害怕孤独,这种情况下我们只有给他们台阶下,允许他们自己花钱买衣服,不印赞助商牌子。说实在的,他们的想法和做法也能理解。我们出面组织龙舟队时压力很大,毕竟前面有两三个人出来组织没有组织起来。清明节后离端午节还有段时间,在外面打工的人不敢轻易答应,怕失信于大家,没有人回应,这几个组织者就放弃了。后来我和我侄子联系了一群在佛山做珠宝生意的朋友回去扒龙舟,很快7~8个人响应,一起回村参与训练,慢慢村民看到有人把龙舟划起来了,逐渐返乡训练。之前的几个人之所以未能组织成功,也与龙舟队的内部管理制度关系密切。去年财务人员报账时给自己报工时12天,也没有捐钱,后来给他写6天,我侄子不同意,管财务的与扒龙舟相比,轻松多了,给他写6天都已经给他面子了。为了工时问题,财务心里也是有些不如意。我与侄子大公无私,队员与前面组织者的抵触在于财务、扒手和打鼓的这三个人是一起的。打鼓的非常重要,能鼓舞士气,没有士气整条龙舟就划得没劲。去年的财务有点儿糊涂,账目上不清不楚,吃饭花了近3万元,今年开支才1万多元,加上唱歌花了5000多元,总共开销才19000多元,烟、水专门有人负责,钱每天进行清点盘查。我侄子主要管财务,我主要管训练,我们配合很好,深得队员们信任,传承人MDL对我和侄子也很熟悉和信任。

"为什么队员之间发生矛盾,还能在一起扒龙舟呢?"笔者心中有着各种猜测,也许这就是他们所说的血脉相连?还是说在队员们心中真的充满了对扒龙舟的热爱?除了这支龙舟队,其他龙舟队的情况如何?于是笔者访谈了水口队的领队。

水口队领队HGH:我主要做水口村领队,水口村有12个姓,欧、侯是两个大姓,我出生于水口村,父母一九八几年就带我们来韶关了,现居住于十里亭。我认为作为领队,要有号召力、组织力,不是钱多钱少的问题。我虽然出来了,但是对家乡还是有感情的,村里很落后,我一直想能不能通过组织龙舟赛把经济搞起来。我想得长远一点,村民对我比较信任,如果不是我去组织,他们就不想参加了。我这个人善于处理人际关系,跟大家关系处理得很好,村民都很信任我。人与人之间都是相互的,后来我们水口村获得了六连冠。每个队员都有家庭,去参与训练耽误做工还需要生活费,每个人生活费都需要五六千元,还有耽搁的工时费需要给予一定补偿,各种花销合计十四五万元,村里拿不出来,我通过我自己的办法解决好。2019年用村里前几任村委贪污的返回款帮他们发了工资,今年要是我不出来组织,他们就做不下去了,现在只能走一步看一步了,我的想法是建一个龙舟村,村里要多关注,才能把水口村带起来。我的伯父等家人还住在村里,我也担任蓝狮村龙舟队领队,钱多钱少都不是太大问题,我能想办法解决,不过赛事确实需要经费支撑。

通过田野调查,ZGQ所说的抵制穿赞助商的服装,不符合现代体育制度中的规章制度,由于民俗体育龙文化的制度相对松散,也没有严格要求;在市场经济形势下,现代竞技体育经费靠营销手段获取,但是粤北民俗体育龙文化还局限在新乡贤的帮扶中。当然,这中间还存在经费使用不合理,挪用、乱用公款现象。

第六节　情感认同是促使龙文化发展的核心

一、情感能量是龙文化演进的核心动力

柯林斯认为:情感能量是情感长期积累的结果。文化动机市场质疑市场模型是否适应于社会学领域。柯林斯认为理性选择是将经济模型应用于社会现象的最明显尝试。在此之前,社会学本身存在"交换理论",较为杰出的代表人物就是莫斯,他认为"赠礼、回礼是义务",礼物交换的对象之间,不仅是物质与财富,还包括礼节、宗教甚至社会地位①。理性选择对行动成本收益最大化似乎可以解释,但是对于情感行为、利他行为却无法分析。当非物质目的变得显著时,人们会轻视物质利益,理性行动似乎只是人类社会活动的一部分,实际上是一次要部分。

行为完全可以无意识完成,不经过有意识的算计,而且仍然受到回报与成本的限制。无意识的行为可能会与有意识的算计行为最终达到同样的结果。由群体团结的体验产生的情感能量是社会互动中的首要益处,并且所有价值导向的行为都受到理性的激发,趋向于将该益处最大化。

二、喜欢是龙文化延续的情感能量

柯林斯认为,情感能量有短期反馈与长期反馈两种机制。身体密度和

---

① 冯强,涂传飞,熊晓正.马塞尔·莫斯的"礼物交换理论"对民俗体育的启示[J].武汉体育学院学报,2012,46(6):15-19.

对局外人参与的屏障,反馈到相互关注与情感连带中,后两者又进一步反过来增进了情境的专注,即涂尔干所称的集体兴奋。

ZGQ(2019 年侯屋村龙舟活动召集人):"我们村的人很齐心,很喜欢扒龙舟,为了扒龙舟,有些人请假回来。"他的话存在矛盾,一方面说村民心很齐;另一方面,在表达村民心很齐的过程中也很纠结,只能说有一帮情投意合的朋友在支持,村民的心到底齐还是不齐不能一概而论,不同环境和场域确实表现得不一样。ZGQ 的侄子 ZCW 补充说:"扒龙舟是以前爷爷到爸爸他们那辈人流传下来的,河边的人从小就喜欢。"

ZCH(侯屋村人 2020 年冠名信丰县龙舟队):"我是学武术的,从小就扒龙舟,现在在韶关市开跆拳道馆。村里很多人都很喜欢扒龙舟,但是现在很多人在外面打工,要养家糊口,总不能让人家丢了工作吧? 加之训练经费少,所以我就在韶关市组织了一支下班后训练的龙舟队。"很显然,他并未透露出与村民之间的矛盾与纠纷,只说因为喜欢所以组队。

侯老师(退休教师):"我爷爷、爸爸都爱好龙舟,我爸爸打龙舟鼓一直打到五六十岁,我曾任小学老师,在犁市镇教了一年书,后去湘廊教了三四年书,我雕了两个龙舟头,经过改装,我们有了侯屋自己的龙舟。"

侯爷爷(退休工人,生于 1945 年)是一名退伍军人,自称 16 岁就参军入伍,读书不多,但是对侯屋历史、龙船歌以及侯屋村的祖先了如指掌,还自发成立了"侯氏宗亲会",自称每年龙舟赛都会亲自去观看。这一说法得到了市体育局训练科李科长的证实。并且每年龙舟赛开赛前他都会亲自去市体育局询问相关情况,自称每年会出资请侯屋村龙舟队队员吃饭。

通过对不同身份的村民的访谈得知,他们总体上还是透露出对扒龙舟的深深热爱,无论中间掺杂着利益关系还是人情面子,但是骨子里的喜欢是抹不掉的。

三、高情感能量助力扒龙舟现代化

柯林斯认为,相互的情感连带与集体兴奋的增强将会提高每一个人的情感能量水平。情感能量高的人具有引发新的情感刺激和鼓舞他人的热情,部分原因在于具有高度情感能量的人精力充沛,能够努力重新集合群体,或者聚合一个新的群体。犁市镇龙舟赛上的龙舟传统上是各式各样的,大小不统一。韶关市为加快传统体育项目发展,自1997年起已连续举办了23届龙舟赛,侯屋村不少民众自己背米回来也要参加扒龙舟,还集体组织去肇庆市观看国际龙舟赛。后龙舟统一由市体育局发放,竞赛规程出台后,各代表队申请,到体育局领取龙舟进行训练。

ZGQ在反复强调他们对龙舟热爱的基础上,专门介绍自己和侄子比其他人提前半个月左右回村庄做准备工作。

扒龙舟向科学化发展。只有组织者方案可行,其他人才会陆陆续续回来参与。过去凭借蛮力参与竞赛,但是现代龙舟讲究不同的距离如何起步?划多少桨? 中途多少桨? 冲刺多少桨? 是划桨还是拉桨? 扒龙舟最好有专业教练,专业教练训练有素,但是没有接受过专业训练的村民组织起来很难有章法。2019年组织龙舟赛时,ZGQ表示幸好自己有朋友是专业划龙舟的运动员,曾经还代表国家队出征。为了自己所在村获胜,他利用朋友情分的关系经常请教,让传统扒龙舟向科学化过渡,不能再像过去那样只靠力气扒龙舟了。

通过实地观察和调查访问发现,人们过去的仪式信仰已经慢慢淡化,而是讲究龙舟先进技术,并且是侯屋村的村民参与,形成了如互动仪式的四种主要结果:一是群体团结,形成侯屋村龙舟代表队的成员身份;二是个体的情感能量,一种参与扒龙舟时信心满满、满腔热忱与主动进取的感觉;三是侯屋村的代表符号,使成员感觉自己是集体的成员,也即是涂尔干所说的"神圣物";四是道德感,维护群体中的正义感,尊重群体符号。

四、低情感能量使龙文化停滞

柯林斯强调情感能量是互动的真正驱动力。情感能量高的个体对社会互动充满自信,往往有更多机会积累符号资本,他们期望支配互动,期待符号资本被他人欣赏。情感能量居中的个体往往能根据情境在一定程度上服从符号储备丰富的个体,以服从来换取新的符号资本。情感能量过低的个体往往由于消沉而无法进入某一仪式,也不能获得新的符号储备[①]。犁市镇扒龙舟在新中国成立以来有两次明显的停滞。第一次,"文化大革命"时期,龙文化被打上"四旧"的标签,没有成员愿意参加,任由扒龙舟活动停滞,龙文化停滞十年之久。第二次,"断裂"同样有十年之久,主要是地方和侯屋村村民自身的情感能量受到了冲击。原因有二:第一,在镇里举办的扒龙舟赛中,原本侯屋村得了冠军,但是由于其违反扒龙舟的大忌,超过落后龙舟很长距离并对其进行了包抄,引起另外两个村落的嘲笑与奚落,引发了其他村落的打架斗殴事件,于是镇里禁止侯屋村参赛。第二,由于村庄内村民之间的互动减少,情感能量减弱。由于 2006 年洪水冲垮了房屋,在安置房地址问题上意见不能达成一致,这样原本一个大门进出的三个村村民分为三处居住,村民之间互动减少,使得龙文化停滞。

五、物质条件是龙文化演进情感能量的支撑条件

根据情感能量最大化,利他行为是反常行为的理性选择。利他行为是个体在某一情境下为了有益于他人而让渡某种有价值的东西。利他行为更为复杂的情形是群体成员向非群体成员赠送礼物。接受者永远不会成为权力的威胁,赠与礼物,不仅关注捐赠者优越于他人的物质占有,而且关注他

---

① 王鹏,林聚任.情感能量的理性化分析:试论柯林斯的"互动仪式市场模型"[J].山东大学学报(哲学社会科学版),2006(1):152-157.

们成为群体成员的优越性。

调查中,侯屋村龙舟牵头人 ZGQ 一直感叹"很累","毕竟每个参与者都是有家有口,都需要生活,放弃工作回来扒龙舟,人手要够,一条船需要 20多人,人心要齐,这些人要吃饭、喝水,日常开销要管,否则很难组织起来"。尽管他一再强调本村村民人心齐,不在乎物质,但是也透露出扒龙舟有一些赞助,市体育局会支持每条船 5000 元,如果比赛得奖了还有奖金。物质条件是龙文化演进中情感能力的支撑条件。

第九章

粤北民俗体育龙文化的发展路径与策略

随着《二〇三五年远景目标》颁布,社会主义现代化强国建设率先进行工业化、城市化、信息化,经济全球化高度发展,农村的自然经济环境与现代社会环境给民俗体育带来了前所未有的挑战。民俗体育是各国非物质文化遗产的重要内容,联合国教科文组织出台了《保护非物质文化遗产公约》。国务院办公厅于 2005 年发布了《关于加强我国非物质文化遗产保护工作的意见》。粤北民俗体育龙文化分别被评为国家级、市级以及县级非物质文化遗产,有的项目积极改造,与竞技体育接轨;有的项目被引入学校体育课程体系;有的项目被用于全民健身项目。有的龙文化间隔几十年不再回归农民的日常生活;有的虽然依然存在,但是已经部分改变甚至面目全非。龙文化到底路在何方? 该何去何从?

第一节　与竞技体育相结合

民俗体育龙文化是中国龙信仰发展起来的相关运动。龙是中华民族的象征,人们将惧怕、崇拜、感激的动物称为图腾,随着民族的不断融合,多种图腾集合成为"龙",每个中国人都自豪地称自己为"龙的传人"。早在汉代董仲舒的《春秋繁露》中就记载有不同季节、不同人物、不同颜色的龙。龙不仅是中华民族的精神,中华民族的象征,也是中华民族团结合力的象征。

一、我国民俗体育龙文化走向标准化、国际化

20 世纪 80 年代,民间文艺活动得到恢复。1994 年 5 月,国家体育总局将舞龙运动列为正式体育比赛项目,并且在福州举行了"左海杯"全国舞龙运动,首次试行"舞龙竞赛规定套路"。1996 年,舞龙被首次列入农村运动会。2001 年,国际舞龙锦标赛出台,且修订了《国际舞龙舞狮竞赛规则》。2003 年,中国龙狮运动协会编纂《中国舞龙竞赛规则》,增设了抽签舞龙、竞速舞龙以及障碍舞龙等项目。舞龙运动朝着科学化、规范化、国际化和竞技化的方向发展。其基本技术动作包括基本握法、正常手位、滑把和换把;基本步伐包括正步、小八字步、大八字步、丁字步、虚丁步、虚步、弓箭步、横弓步等步形和圆场步、矮步、弧形步、单碾步、双碾步等步法,以及跳跃翻腾等规范动作[①]。粤北民俗体育舞龙运动从属于民俗,但很多步形与步伐逐步从传统转向现代。

传统龙舟竞渡随着农村经济的繁荣、国家民族政策的贯彻,逐渐发展成为现代龙舟运动项目。1984 年,龙舟竞赛被列为全国正式体育比赛项目,首次比赛在广东举办,对龙舟的总长度、宽度以及质量都做了明确的规定,并且对动作也做了基本要求:上身前倾与后仰角度一致,移动速度要一致。桨叶出水入水、吃水深度与拉桨、桨叶回桨时在空中的高度和速度要一致,全体选手要做到"准、狠、快、齐"。1985 年,中国龙舟协会成立,龙舟运动进入新的历史发展阶段,从民间习俗成为一项世界范围内的按照规则组织的人们喜闻乐见的现代体育竞技运动项目。

二、奥林匹克运动的民俗起源

源起于古希腊的古代奥运会,最初是地方祭祀活动,后来发展成为纪念

---

① 吴秀云,王乃英,李国梁.新编大学体育与健康教程[M].济南:山东人民出版社,2014.

宙斯的一种仪式。从地方性祭祀发展为祭祀宙斯,从竞技体育的雏形再到世界通用的体育语言,体育与民俗、宗教有着天然的联系①。

三、粤北民俗体育龙文化的转型发展

粤北民俗体育龙文化舞龙暂未走上竞技舞台,坚持原生态发展。1995年国家体委成立龙舟协会,1996年韶关市举办了首届韶关市龙舟大赛,参赛规则参照国家体育总局颁布的竞赛规则,竞赛器材采用国家体育总局建议的龙舟规格,原本传统的村落龙舟由于与其他村组有龙舟样式、材质的差异,竞赛过程中存在着客观条件的不同,为了尽可能公平,所以采用统一的龙舟器材。为了龙舟竞赛前的训练,体育局还免费提供训练的龙舟。运动训练上,每条龙舟为了获取优异运动成绩都会组织训练,每年的韶关市龙舟赛冠军队训练时间都在一个月以上,甚至有的队伍训练由集中制改为日常训练制;有的参赛选手不满足于韶关本地的赛事,寻找资源让"同舟"的选手提高技术、提升战术,甚至约上其他龙舟队队员参与全国性的龙舟大赛。不能只顾竞技丢了传统,也不能"守旧",民俗体育龙文化应坚持"传统与现代"相结合。

第二节　与学校体育相结合

王东在《中国龙的新发现》中提出:所谓"龙"的精神,就是中国文化的精神,是以大综合的手段求大和谐的目标。张岱年先生强调的八个字是"自强不息,厚德载物"。也有学者认为是"多元一体,综合创新"[1]。民俗体育龙文化象征着中华民族的精神,每个中国人都自称为"龙的传人"。

民俗体育龙文化具有教育的功能,教育民众团结和谐,自强不息,使民

---

① 张井梅.希腊文明与古代奥林匹克运动会[J].世界历史,2008(3):105-115.

族不断强大。民俗体育龙文化受到国家的高度重视,2017 年中共中央办公厅、国务院办公厅印发《关于实施中华优秀传统文化传承发展工程的意见》,强调要紧紧围绕着中华民族伟大复兴事业传承中华传统文化,创造中华文化的新辉煌,要将中华优秀传统文化发展贯穿国民教育始终,要把中华优秀传统文化全方位融入思想道德、文化知识教育、艺术体育教育和社会实践教育各环节,贯穿于学校教育各学段,以青少年为主体,构建课程与教材体系。

一、开发民俗体育龙文化的课程资源和教材体系

课程资源是进行课程设计、课程实施、课程评价过程中的人力、物力以及自然资源的总和①。课程资源是保障课程目标实现的内容和载体,包括素材性、条件性两种资源,按照时空范围将其分为校内、校外以及信息化课程资源。我国学者结合民俗体育的时空依赖性、健身娱乐性、教育性等特征与功能,将民俗体育课程资源分为自然资源、人力资源、物力资源、信息资源等。其中自然资源主要包括地理条件、气候特征和二十四节气组成的传统节日;人力资源包括学校的老师、学生、管理人员以及民间艺人等;物力资源主要指民俗体育运动的场地、器材、道具、装饰品等;信息资源主要指网络化技术支撑的校内网资源。

粤北民俗体育龙文化是依托于不同的地理环境产生的农耕文化中发展起来的民俗,其所依托的地理资源是民族体育不可或缺的自然资源,例如舞香火龙所依托的山地、竹林。将民间艺人纳入民俗体育课程资源,例如始兴县城南中学将民俗体育引进校园,每周四学校附近村落的舞龙舞狮民间艺人主动进校园进行民间艺术的传授,丰富初中生的课程资源和活动,提升青少年学生的民俗体育情怀和技能。

义务教育阶段和高中阶段《体育与健康课程标准》针对学生提出不同水

---

① 刘从梅.民俗体育与民俗体育文化[M].南昌:江西高校出版社,2019.

平、不同领域的学习目标,有学者提出构建大中小学相衔接的体育教学内容体系。民俗体育龙文化在运动技能、体能以及体育品德上具有独特的作用,其中的运动步伐、舞动技能以及体能等方面也能够采用不同水平进行构建,这就需要民俗体育教育专家与中小学体育教师等配合,挖掘体育龙文化的课程资源,将其中适合不同学段的内容融合进课程制作。此外,粤北地区具有丰富的龙文化资源,各个学校可以组织编写民俗体育的校本教材,县市教育部门可以组织编写地区民俗体育龙文化的地方教材,响应国家号召,运用好国家、地方和校本教材的三级课程管理模式,让课程资源具有丰富性和地方适应性。

二、开设民俗体育龙文化的特色课程

2016 年,国务院办公厅印发《关于强化学校体育促进学生身心健康全面发展的意见》(简称"意见")。意见指出,研究制定运动项目教学指南,让学生熟练掌握一到两项运动技能,逐步深入"一校一品"或者"一校多品"的教学模式,努力提高体育教学质量。(图9.1)

图 9.1 青少年唱龙舟歌

2017 年,《关于实施中华优秀传统文化发展工程的意见》出台,提出"文化既是民族的血脉,又是人民群众的精神家园,传承好、发展好中国传统文化意义深远,民族体育是中华优秀传统文化的重要内容,要把传承中华优秀传统文化全方位地融入学校体育,贯穿国民教育的始终,紧紧围绕立德树人根本任务,遵循学生认知特点和教育教学规律,按照一体化、分学段、有序推进的原则,将中华优秀传统文化全方位地融入艺术体育教育,贯穿于教育各领域"。

实施中华优秀传统文化发展工程为粤北民俗体育龙文化发展提供了政策引领和发展契机。南雄市二中开展了舞龙舞狮特色课程,利用课余时间组织学生进行训练,采用体育周的形式进行展演,始新县城南中学将龙狮运动课余训练常态化,几乎所有的校园大型活动都有龙狮表演,是校园文化中一道亮丽的风景线。浈江区文化馆开展业余文艺舞蹈培训,将龙文化纳入其中,编排了划龙舟舞蹈。每年在龙舟赛开幕式上进行表演,今后还可以开启线上网络资源,多方筹措,进行龙文化线上课程资源建设,培训民俗体育龙文化的师资力量,打造粤北地区民俗体育龙文化的特色。

充分利用粤北民族地区的龙文化资源,将民俗体育龙文化的内容融入体育课程之中,教学内容采用选修模块,选择一定比例的课时量进行。除此之外,充分利用课余时间,进行舞龙舞狮的训练和课外活动,根据学生自愿参与的形式组织第二课堂活动。在传统节日或节庆场合,学校组织学生参与各种龙狮竞赛,通过课程建设打造校园文化特色。

笔者在湖北调研时发现,襄阳有所学校组织龙舟赛爱好者进行业余运动训练,参加全国的各级赛事。主要针对大学生、中学生开展专门性的全国性龙舟赛,获得优异运动成绩的学生运动员,可走体育单招进入高校。这也为粤北地区民俗体育龙文化进入学校体育课堂提供了参考和启示。

三、打造学校民俗体育龙文化的赛事体系

2018 年,习近平总书记在全国教育大会上指出:学校体育要紧紧围绕着"立德树人"的目标,秉承"健康第一"的指导思想,让学生"享受乐趣,增强体质,磨炼意志,完善人格"。学校体育要紧紧围绕着"教会、勤练、常赛"来组织工作。运动竞赛能促进青少年健康成长,培养竞技体育人才。

让更多的学生参与到民俗体育运动中来,可以传承中华传统优秀文化,增强青少年学生的民族认同感、民族自豪感,还可以增强青少年的体质,提

高他们的身体素质,增进其身心健康,培养他们团结合作、勇于拼搏的集体主义和爱国主义等精神品质。

粤北民族地区大中小学会定期举办不同层级的运动会,如市级中小学生运动会、县级运动会以及校级运动会。为打造优秀的校园文化乃至地域文化特色,培养青少年学生的体育锻炼意识和终身体育锻炼的习惯,不同层次的学校都会定期或者不定期地举办不同层级的运动会。运动会中一般是以现代竞技运动项目为主,舞龙舞狮等民俗体育运动项目大多出现在大型运动会的开幕式表演中。韶关市每年举办专门的武术竞赛活动,但是较少有专门的舞龙舞狮竞赛活动。如果能够在各级运动会上增设民俗体育龙文化的项目,将会大大提高赛事品位,增加赛事的热烈氛围,增强青少年学生的民族自豪感,增强青少年学生的文化认同感。每四年一届的广东省少数民族运动会,每次都有全国大学生舞龙舞狮锦标赛。2018 年,广东省举办大学生舞龙舞狮锦标赛;2019 年,中学生舞龙舞狮锦标赛开启,今后将不断完善赛事体系,充分发挥中华优秀传统龙文化的项目优势,培养青少年学生团结协助的集体主义精神、爱国主义精神,锻炼他们的身体素质、运动能力,提高他们的体育品德。民俗体育龙文化的赛事可以从市级、县级逐渐推进到校级开展,逐级开展的龙文化赛事将形成体系。

第三节　与大众健身休闲相结合

一、大众健身的现实需要

2016 年,中共中央、国务院印发《"健康中国 2030"规划纲要》。为实现全民健康,需要政府主导与社会、个人相结合,针对影响健康的生活行为方式以及环境进行改进。《全民健身计划(2021—2025 年)》提出今后一个时期促进全民健身,满足人民群众的健身健康需求的部署,还提出要激发社会组织的活力,推进全民健身融合发展,营造全民健身的社会氛围。从国家层面高度重视全民健身,其中农民占比相当大,农民健康是中国实现小康社会的重要议题。没有全民健康根本不可能有全民小康,农民随着生活水平的提高和收入的增加,也有健身娱乐的需求,但农村体育场地设施非常有限,健身指导又集中于城市,农民健身具有一定局限性。

二、民俗体育龙文化与全民健身体系的同构

民俗体育龙文化的农耕性特点,使农民与体育具有天然性联系。它与全民健身体系之间在载体和内容上是互相依存的,主要在生活相、文化生态、动态性和一体化等几个方面具有同构性。

图 9.2　老年人唱龙舟歌

从生活层面上来讲,民俗体育龙文化使用的器材、活动规则和参与人群,以及它的文化模式,都是粤北民族地区人民的生活记忆和思想习惯,从粤北落脚或者继续迁移。随着社会进步、时代发展、文化变迁,生活相是某一地区民俗思想文化的源头,只有深刻了解它的来源和内涵,才有利于全民健身工作的推进。(图 9.2)

保护民族传统体育文化,如果不是整体保护,没有系统保护的观念,只

是保护局部或者部分过程,那么剩下的就只是没有灵魂的躯壳①。这充分说明民俗体育龙活动是全民健身的重要形态之一。将文化生态保护作为民俗体育保护的重要内容,最终形成龙文化"活的传承",有利于全民健身。保护传统龙文化并不等于守旧,因为创新才是民俗体育文化发展的源泉,也是全民健身体系必须遵守的原则。

在田野调查过程中,南雄市文化馆相关负责人曾对笔者说:"民俗体育龙文化必须创新,首先在思想上就不能一成不变,如果坚持守旧,这个项目可能就没了。南雄以前有个项目,从珠玑巷传到珠江三角洲,在珠江三角洲扩散传承下去了,但在珠玑巷这里却没有了。广东人有个特点,就是思想上开放,有变革的思维,我们这里属于客家,相对来说,缺乏广东省这种变革的思维,越是这样越走不出这种困境。我们也提供好多建议但没人听,我们就只能力所能及、尽我们所能,有价值的能抢救多少就抢救多少。正如中国戏剧四百多种到现在也只留下一百多种,没有市场就要灭绝,我们也没有办法……"只有经过调查才知道,不创新真的会被社会、民众淘汰掉。

在保持民俗体育文化创新上,习近平总书记曾说,创新是民族进步的灵魂,是一个国家兴旺发达的不竭源泉,也是中华民族最深沉的民族禀赋。在传承民俗体育龙文化的特质的基础上,需要吸纳其他民族的优秀传统文化甚至是国外的先进技术,让它成为民俗文化保护与全民健身普及的重要方面。

笔者曾对民俗体育龙文化进行过深度调研,发现武汉有个舞龙组织,积聚了大量的舞龙爱好者。其中一个网民叫万方土的职业出租车司机,他就聊起舞龙的创新形式:舞龙自萌芽之初就是身手相接的活动,一群老年人为了强身健体,抵抗因为年龄增大带来的骨密度减少,人老先老腿,于是将北

---

① 万义,胡建文,白晋湘.少数民族地区民俗保护与全民健身体系的同构[J].上海体育学院学报,2009,33(6):25-29.

方的冰与南方的舞龙结合,一群人通过冰上运动采用身手相接的形式进行,并且在滑冰过程中舞龙,增加了滑冰的难度,也增加了舞龙的趣味性。由于现代信息技术的发展,他们过去采用 QQ 群联系,现在采用微信群,平时训练以及出去旅行表演,都非常方便,人们乐在其中。舞龙展演既锻炼了身体,又增加了民众的经济收入,凝聚了民众的情感,形成了健康的生活方式。人们一般可以采取自愿的原则,通过平台召集舞龙的人,可召集到 300～400人。据说《北纬 30°·中国行》节目都对此进行了报道。将其他运动形式与舞龙相结合,确实是开拓创新的典范。粤北民俗体育龙文化是否能够在传承发展过程中进行创新,需要政府、地方、学校构建"三位一体"的创新体系。

三、要建构政府、地方和学校"三位一体"的体系

全民健身关系到人民的生活质量和对美好生活的幸福感。从《全民健身计划纲要》到《全民健身条例》,政府高度重视全民健身,将促进全民健身上升到国家战略高度。此外,国家高度重视民俗体育文化,特别是龙文化,它是中华优秀传统文化的代表。如何将国家政策落地,还需要地方政府在政策制定、政策落实过程中出台切实可行的考核评价制度。学校是传承中华优秀传统文化的重要场所,学生是全民健身的重点人群,因此,构建政府、地方和学校"三位一体"的创新传统优秀文化体系至关重要,对传承和发展民俗体育龙文化具有举足轻重的作用。

第四节 走体育产业化道路

体育产业化是指与过去计划经济体制相比较而言,体育事业摆脱过去完全依赖行政拨款而开展的各类经营活动[①]。

---

① 张发强.对我国体育产业化的战略思考[J].体育文史,1997(2):10-14.

一、体育产业化的总体趋势

中国体育产业化是我国改革开放的产物,是在计划经济体制向社会主义市场经济体制转轨的背景下产生的。原国家体委主任伍绍祖在接受《中国体育报》记者采访时说:"体育也要进入市场,进入经济领域寻找自己的位置,当然那些经济利益较小,国家和群众仍然需要的我们还是要保护与扶持。"也就是说,体育事业如果过度依赖国家拨款,可能很难实现良性循环,要想实现良性循环,就需要将民族体育的输血功能与造血功能同时激活①。

二、民俗体育与乡村振兴同向同行

民俗体育,与我国的优秀传统文化一脉相承,是人们在长期的生产生活实践中积累起来的生活化、模式化的仪式文化,具有竞技、娱乐、礼仪、健身等特点,能够加强村民之间的文化认同,增强民众之间的凝聚力,且能通过相关领域、相关产业融合创造经济效益,保护生态环境,提高公共服务质量,振兴乡村②。

三、粤北民俗体育龙文化产业化的现实诉求

(一)民众对体育产业经济的诉求

粤北民俗地区是广东省的老、少、边、穷地区,以山地和丘陵为主,属于欠发达地区,农村收入来源有限,村民对民俗体育经济收入具有期待。

2019年,笔者第一次走进百顺镇白竹片村,说明来意,想了解香火龙,村民很热心地说,"只要你给钱,我马上演给你看",并且得知香火龙曾经在1986年、1992年、1996年多次应邀到广州市、佛山市区展演,展演时间在一

---

① 韩丹.对我国"体育产业"与"产业化"10年的反思和评价[J].体育与科学,2003(1):1-4.
② 崔涛.民俗体育助推乡村振兴价值审视与实施路径[J].体育文化导刊,2021(12):58-65.

个月左右,每天有一定的补助。村民觉得舞香火龙能带来收益是一件很不错的事情,特别希望能够把香火龙传承好。

每年南雄市非物质遗产展演日让他们扎龙会给一定的经费,比如中央电视台来拍摄都会给予一定的经济报酬,村民觉得这是一条增加经济收入的途径。如何增加展演机会? 这也是村民们思考的问题。南雄市博物馆放着两条香火龙,但是传承人觉得这是"死龙"不是活龙。

在田野调查过程中,也有村民提出,要是有大老板来把他们这些房屋承包就好了,希望让这些传统的东西产生经济效益。村委会干部 YJH 在某天给笔者打来电话,说旅游局要跟他们签订合同,一条龙先付费 7000 元,存放在旅游区,用于宣传他们村的香火龙的知名度。另外,旅游局与他们商定可以通过舞香火龙给旅游者观看,旅游商会给他们一定的提成。YJH 表示特别开心,说希望慢慢把名气、品牌打出去,让人们知道这个村庄,后续再通过体验香火龙、直播带货等形式,带动农产品的销售,促进农民富起来,农村美起来。

（二）地方经济对民俗体育文化的诉求

民俗体育龙文化与乡村振兴结合起来,需要政府进行整体规划,带动社会经济的发展。比如韶关市的龙舟赛以前只是在浈江河便于组织的地方,2021 年龙舟赛 6 月 18—20 日在武江区重阳镇水口村武江河水域举办。除韶关市的 16 支队伍外,还邀请了湖南、江西及广东省内的其他龙舟队,"以赛会友,增进友谊",整治赛事水域环境,修缮赛道码头以及周边环境,推动了"体育+旅游""体育+生态"深度融合,展现了韶关城市和乡村传统文化特色。

粤北地区具有丰富的民俗体育龙文化资源,完全可以与其他民俗体育资源一起,打造户外运动的天堂,发展民俗体育产业。通过龙文化打造非物质文化遗产产业链的"高龙",是武汉市汉阳区非物质文化遗产中心申报的国家级非物质文化遗产。高龙不仅限于舞高龙,还将高龙打造成了品牌,除了打造非物质文化遗产高龙的传承园,还在李氏宗族附近建立了高龙博物馆,紧紧围绕着高龙所在的城中村开设高龙文化产业一条街,售卖与高龙相关的舞龙器材,甚至创办了命名为"武汉高龙"的私立学校,真正深挖高龙的文化内涵,将其融入学校教育,建立"轮滑+龙"的俱乐部,通过培训、展演吸纳青少年和广大民众参加。同时,与产业经济紧密结合,取得了中国民俗体育走产业化道路的品牌效应。粤北地区的龙文化大多被评为非物质文化遗产,从政府层面来说,本身就有保护的相关政策;从地方层面来说,能够带给地方一定的关注度,改善村民的居住环境和生态环境,为产业经济发展做好铺垫;对于村民来说,参与民俗体育龙文化能够获得相应的收益,无论是粤北的"舞龙"还是"扒龙舟",大多数情况下参与活动都会有一天几百元的补助,这也是部分民众愿意请假一个月都要回来参加龙舟赛的原因。从长远来看,需要建立民俗体育龙文化发展的长效机制,如建立传承基地、考评制度以及体验收费等相关制度,让民众乐于参与其中。另外,需要打造与民众体育龙文化相关的产品,带动农产品的销售,将体育生产业、制造业乃至服务业联合起来,带动民俗体育产业整体发展。

第五节　发展民俗体育龙文化的策略

一、规范制度,保护传承主体

制度是保护民俗体育文化的规范性文件,是做好民俗体育文化保护工作的指南。联合国教科文组织 2003 年发文《建立"活的人类财富"国家体系指南》,2005 年出台《保护和促进文化表现形式多样性公约》。2005 年,国务院办公厅出台《关于加强我国非物质文化遗产保护工作的意见》,文化部办公厅下发《关于开展非物质文化遗产普查工作的通知》和《关于成立国家非物质文化遗产名录评审委员会的通知》。2006 年在南雄市文化馆宣传下，百顺镇镇政府组织村民申报"国家级非物质文化遗产名录"。广东省 2019 年发布《广东省非物质文化遗产保护资金管理细则》；2020 年发布《广东省文化和旅游厅关于广东省级文化生态保护区的管理办法》，同年，实施《广东省省级非物质文化遗产代表性传承人认定与管理办法》。一系列非物质文化遗产保护政策和措施的出台，为规范民俗体育龙文化管理做出了制度保障，某种程度上能够规避过去传承人的申报材料由文化馆相关工作人员或者具有文字功底的相关人员撰写，在申报程序上可能存在着地方博弈。在田野调查过程中，村民们说过去九十九节龙被认为是珠玑古巷的非物质文化遗产，并且上报到"上面"去了，但是自从叟里元村发现了"巨龙古庵"的牌匾，在物证面前珠玑古巷的政府工作人员不再敢争九十九节龙的归属，自此不再敢演九十九节龙。

传承过程中需要明确主体责任，政府主导与社会主体相结合，政府在主导民俗体育龙文化发展过程中做到"不越位、不缺位"，摆正自己的位置，既做好民俗体育龙文化的保护工作，不滥用权力，又要充分调动民众的积极性，将民俗体育归还于民间，归还于民众。

在保护传承人的过程中，要明确遴选标准和考核制度。过去注重保护，有些有"权力"或"话语权"的人会组织以及自己撰写申报材料，评审过程流于形式，主要存在着"局限于书斋评审"现象，传承谱系不精准。很多真正掌握民间艺术的老人识字不多，不会撰写文字材料。

规范民族体育文化制度，过去注重"代表性传承人"的评选与申报，对于一些非家族性、群体性的民俗体育项目来说，引发很多不一样的矛盾。

比如白竹片村的舞香火龙，被认定为国家级非物质文化遗产，在选代表性传承人的过程中，传承人的哥哥是文化站管理民间艺术工作的负责人，"近水楼台先得月"，他在组织材料、申报评审过程中起到了至关重要的作用。实际调研中，人们也认可传承人过去在扎龙技术中确实起到过重要作用,但龙文化属于群体文化,群体文化是大家共同参与、组织、享有的民俗体育文化,不是某个人或者某个人的祖宗流传下来的文化,而是群体中所有成员共同的文化。这种情况下,选派代表性传承人,与家族式传承不可相提并论。

舞香火龙的代表性传承人制度不仅未能保护好香火龙的传承,反而伤害了广大民众参与舞香火龙的感情,民众不断向上反映香火龙传承人不组织活动,不应该独享传承经费。传承人自认为发放的传承经费就是国家级代表性传承人的工资,在民众不断"上访"告状的情况下,南雄市停发了传承人经费,而传承人自身多次到南雄甚至韶关询问传承经费的事宜。原本和睦友邻的关系也因为传承人的遴选问题出现了间隙。

2021 年,中共中央、国务院颁布了《关于进一步加强非物质文化遗产保护工作的意见》。广东省在全国省级层面率先探索认定传承群体,解决集体传承、大众实践项目代表性传承人认定中的瓶颈问题,将群体认定为"由两名及以上自然人组成,他们分别掌握着某项省级非物质文化遗产代表性项目实践过程中的核心技术或者重要环节,互相之间必不可少,分工协作,共同承担传承工作"。建立代表性传承人档案,对个人信息、参加培训学习、开展传承活动、参与公益活动等记录需要做好登记。对于责任感强、积极参与传承工作的传承人,要给予一定的荣誉,提升其社会地位,还要给予一定的经济补偿,提高其生活待遇,甚至可以给予一些优抚政策,让传承人没有后顾之忧。对于有突出贡献的传承人除授予一定的荣誉外,还鼓励地方给予经济上、福利上一定的优待政策。同时要建立明确的"非遗"代表性传承人的"退出机制",对代表性传承人不作为或者传承工作不到位的情况,需要开展传承评估过渡。

规范制度除了传承人的遴选、申报等之外,还存在着在传承民俗体育龙文化过程中的经费挪用、私占现象,为了保护民俗体育文化的良好生态,需要树立风清气正的良好氛围,要建立不敢贪、不敢腐的社会风气。当然,针对传承人经费划拨不明的情况,传承人及家属普遍认为发给自己的传承费"为什么要拿出来分呢? 如果是你取得的工资你会拿出来跟大家分享吗?"这充分说明,过去的传承人保护制度不完善,没有划清楚传承人群体与个人,没能够明确传承人的权责利,也未明确所划拨经费是传承经费还是传承人的工资。《广东省省级非物质文化遗产代表性传承人认定与管理办法》自2022年元旦实施,有望弥补以前龙文化传承过程中的制度缺陷。

二、落实好美丽乡村建设，唤起民众记忆

美丽乡村建设是中国共产党在第十六届五中全会上针对新农村建设提出的历史性战略任务,"美丽乡村不仅美在物质环境,还应该体现在经济发展与人民对美好生活向往的福祉有关"[①]。2013年的"中央一号文件",第一次提出建设"美丽乡村"的目标,要求增加集体经济组织、村民的财政收入,从而推动美丽乡村建设向更高级别迈进,为人民美好生活服务。

随着工业化、城市化建设,农民纷纷进入城市务工,在城里成家立业,农村逐渐"空心化",很多村庄留下的是老人。如何让农村成为回得去的老家? 绿水青山就是金山银山,人们只有回得去农村,才能够满足对美好生活的向往,乡村守住的不仅是青山绿水,还有农民儿时的回忆。他们只有回得去、住得下、生活得好,才愿意返乡,外出打工的农民见证了城市高速发展建设的成效,回到农村不可能仅满足于解决温饱问题,还应该能看到奔赴小康之路的希望。美丽乡村建设需要政府进行引导,村集体乃至村民共同努力,构建起三位一体的建设格局。

在田野调查过程中,村民明确告诉笔者,就目前而言,面对高房价、高教育成本、高医药费,农民不得不远离家乡,到收入高于农田里收成的地方去打工,就农村短期收益来说,经济收入是肯定没有城市高的,一般农民为提

---

① 　王卫星.美丽乡村建设:现状与对策[J].华中师范大学学报(人文社会科学版),2014,53(1):1-6.

高收入没有办法长期待在农村。城市打工就业以及赚钱的机会多于农村，他们为生活所迫背井离乡。如果民俗体育龙文化能够带动农产品加工，在农村有所发展，有所收获，他们情愿待在农村。在养家糊口与兼顾家庭和传统文化舞龙之间，他们需要权衡利弊。例如有些村民运动员，每到扒龙舟的时候请假也要回来参加，这充分说明人们对传统龙文化的爱好与生产生活甚至生存之间的纠葛。还有个村民对笔者说："能不能找个大老板来我们这里，给我们家乡投资，把我们这里承包了？"听着村民的话，笔者心里五味杂陈，农村很多人自己都不愿意回到家乡，不想办法改变农村落后的面貌，大老板来到这里投资如何受益？资本投资一定是为了获得更大的收益。乡村振兴需要发展好农产品、农产品加工业，或者是农村的休闲娱乐服务业，让农业大有作为，才能让进城务工的农民回流农村，落实乡村振兴计划，建设美丽乡村。不仅要望得见山，看得见水，还应该让农民有获得感、幸福感，深深热爱家乡从而参与家乡建设，而不是逃离农村。没有人口基数做保障，传承民俗体育文化只能是纸上谈兵。

哈布瓦赫认为，记忆是一种社会现象，具有神经基础和社会基础，通过累积而获得，以亲身经历为主①。所谓文化记忆，德国学者杨·阿诗曼认为主要是回答"我是谁""我从哪里来""我到哪里去"的文化认同问题，是民族和国家的集体记忆力，通常包括社会群体共同拥有的过去②。

民俗体育的发展不在于项目本身，而是应该建设好民俗体育生存的生态文化环境，建设好它所依存的乡村，不要让乡村变成荒芜的田野，要采用"政府、社会、村庄""三位一体"的方式建设好美好乡村，让留存美好记忆的乡村为粤北民俗体育文化的发展提供空间，从而唤起民众的文化记忆，愿意参与、体验、创新、传承民俗体育龙文化。

① 扬·阿斯曼，陈国战.什么是"文化记忆"？［J].国外理论动态,2016(6)：18-26.

② 王霄冰.文化记忆、传统创新与节日遗产保护［J].中国人民大学学报,2007(1)：41-48.

三、拓展民俗体育文化传承渠道

民俗体育龙文化依赖于时空,具有地域封闭性的特点,不同地域的龙文化具有不同的特点,比如湖北的龙文化就是根据离城市远近分为武汉市区的高龙、潜江农村的草龙以及靠近汉江边的龙舟。粤北地区同样依据远近分为边远山区舞香火龙,多姓氏多宗族聚集地舞九十九节龙,延续一千多年的"南迁第一村"舞板凳龙,靠近浈江河畔的民众扒龙舟。传承民俗体育龙文化,有人认为民俗体育龙文化存在的困境不能总是归结为现代体育对民俗体育文化的冲击,劳动力外出打工也影响了民俗体育龙文化主体数量和规模。民俗体育龙文化的主体是世世代代生活在这个村庄的所有年龄层次的人,传承传统文化是每个人的责任与义务,从年老、年轻到青少年群体,通过竞技、健身娱乐、学校体育相结合,在场域上实行乡村社区与学校相结合,建设传承基地与传承平台,多途径传播,助力传承。

第一,应该将青少年群体纳入传承主体重点人群,让他们耳濡目染,参与到传统节日的舞龙仪式之中。首先,南雄市新田村举办姓氏节时,有不少青少年请假回到村里参与龙狮队伍的游村活动,青少年学生从小体验到民俗体育龙文化的魅力,将成为传承民俗体育龙文化的后备力量。其次,利用闲暇时间,采用民俗体育龙文化俱乐部的形式,定期开展培训活动,让有特长的民间艺人走进学校、走入社区,开设民俗体育龙文化的传统技艺讲座,向青少年学生传授技艺。浈江区扒龙舟的传承人 MDL 就是做得非常好的典范,他经常到学校做扒龙舟的讲座与培训,将扒龙舟创编成龙舟歌或龙舟舞,深受广大青少年学生和民众的喜爱。最后,建设龙文化传承基地,有针对性地培训学生的多维素质。出生在浈江边的学生喜欢游泳,酷爱龙舟,具备一定的体育天赋,在高考升学中能够寻找到一条通往大学的道路,正如湖北襄阳一所学校将龙舟纳入高三训练,组织学生参加国家级乃至国际级的龙舟赛事,获得各项荣誉。在与竞技体育结合的过程中,我们一方面吸收、模仿现代体育运动的先进成分,另外也不能忽略传统文化的优秀成分。

第二,在民俗体育产业化过程中逐步打造文化品牌。民俗体育龙文化产业化过程中有典型的案例,武汉市的汉阳高龙就成功打造出"武汉高龙"的品牌,如汉阳的水产品"一条路",甚至将学校命名为高龙学校。品牌文化是一种无形资产,既能反映出一个国家、一个民族、一个地区的经济、科技、文化等实力,也能反映出人们的生活品质。南雄市旅游局拟与白竹片村香火龙提出合作协议,即传承香火龙技术,并且对香火龙进行展演。渴望改变贫穷落后面貌的民众无力改变世界,期待外部"输血",其实打造产业的过程也需要"外部输血"与"自身造血"相结合,充分利用自身的地理条件与优势开展相关的乡村旅游,打造最美乡村,从而宣传村落民俗体育龙文化。

第三,在全民健身过程中,国务院最早于1995年颁布实施《全民健身计划纲要》。2021年国务院印发《全民健身计划(2021—2025年)》,指出,"十四五"时期要坚持以人民为中心,构建更高水平的全民健身公共服务体系,充分发挥全民健身,提高人民健康水平,发展农村喜闻乐见的民俗体育龙文化。这种民俗体育龙文化依托于民俗母体,对农民的呼吸、心血管、骨骼、肌肉、灵敏性、协调性等多方面均具有促进作用。在健身人群上,需要将青少年学生作为重点进行培养。笔者有一次在南雄调研的过程中,非物质文化遗产展演的前几个晚上,发现参与"鸳鸯狮"的有几个是村里的小学生。一方面是由于小学生的协调性、灵敏性强;另一方面,青少年学生也是发展和传承民俗体育龙文化的中坚力量,能促进龙文化的可持续发展。

四、顺应时代发展,与信息技术相结合

信息化社会不同于农业社会和工业社会,它以现代信息技术为基本特征,以信息经济促进社会经济的发展,信息技术时代各种时尚、酷炫的活动随着互联网传播具有即时性,世界上的任何事情经过网络传播到世界各个角落。民俗体育龙文化不再是留存照片这样的资料,而是可以采用微信、微

博以及抖音等现代信息平台进行传播。传播民俗体育龙文化项目本身,以及龙文化传承环境的自然生态、相关的产业项目以及社会环境,让乡村不再是"落后"的代名词,而是拥有了有自己特色的传统文化。

参考文献

[1] 赵世瑜.小历史与大历史：区域社会史的理念、方法与实践[M].北京：生活·读书·新知三联书店,2006.

[2] 柯文.在中国发现历史：中国中心观在美国的兴起[M].林同奇,译.北京：中华书局,1989.

[3] 王铭铭.人类学讲义稿[M].北京：民主与建设出版社,2019.

[4] 陈慧慧,方小教.社会调查方法[M].合肥：中国科学技术大学出版社,2019.

[5] 范明林,吴军,马丹丹.质性研究方法[M].2 版.上海：上海人民出版社,2018.

[6] 李宗浩.体育科研方法教程[M].天津：天津科学技术出版社,2010.

[7] 陈华文.文化学概论新编[M].3 版.北京：首都经济贸易大学出版社,2016.

[8] 李春来.海外温州研究评析[M].厦门：厦门大学出版社,2017.

[9] 莫里斯·梅洛-庞蒂.知觉现象学[M].姜志辉,译.北京：商务印书馆,2001.

[10] 王铭铭.走在乡土上：历史人类学札记[M].北京：中国人民大学出版社,2003.

[11] 马林诺夫斯基.西太平洋上的航海者：美拉尼西亚新几内亚群岛土著人之事业及冒险活动的报告[M].弓秀英,译.北京：商务印书馆,2016.

[12] 杨美惠.礼物、关系学与国家：中国人际关系与主体性建构[M].南京：

江苏人民出版社,2009.

[13] 马塞尔·莫斯.礼物:古式社会中交换的形式与理由[M].汲喆,译.北京:商务印书馆,2016.

[14] 阎云翔.礼物的流动:一个中国村庄中的互惠原则与社会网络[M].李放春,刘瑜,译.上海:上海人民出版社,2017.

[15] 爱德华·霍列特·卡尔.历史是什么?[M].陈恒,译.北京:商务印书馆,2007.

[16] 莱斯利·A.怀特.文化科学:人和文明的研究[M].曹锦清,译.杭州:浙江人民出版社,1988.

[17] 铁军,侯越,潘小多,等.日本龙文化研究[M].北京:中国传媒大学出版社,2013.

[18] 闻一多.闻一多全集[M].北京:生活·读书·新知三联书店,1982.

[19]《线装经典》编委会.说文解字[M].昆明:云南教育出版社,2010.

[20] 许慎.说文解字[M].杭州:浙江古籍出版社,2016.

[21] 庞烬.龙的习俗[M].西安:陕西人民出版社,1988.

[22] 沈丽华,邵一飞.广东神源初探[M].北京:大众文艺出版社,2007.

[23] 胡静.老庄礼乐观研究[M].北京:九州出版社,2019.

[24] 郝勤.体育史[M].北京:人民体育出版社,2006.

[25] 董仲舒.春秋繁露[M].北京:中华书局,2011.

[26] 吴秀云,王乃英,李国梁.新编大学体育与健康教程[M].济南:山东人民出版社,2014.

[27] 张秀平,王乃壮.中国文化概览[M].北京:东方出版社,1988.

[28] 广东省曲江县地方志编纂委员会.曲江县志[M].北京:中华书局,1999.

[29] 王笠荃.中华龙文化的起源与演变[M].北京:气象出版社,2010.

[30] 杨文轩,陈琦.体育概论[M].3版.北京:高等教育出版社,2021.

[31] 董好杰.当代体育文化多维探索与研究新思路[M].北京:冶金工业出

版社,2018.

[32] 广东省人民政府地方志办公室.广东印记(第五册)[M].广州:广东人民出版社,2018.

[33] 林继富.中国民间游戏总汇　表演卷[M].长沙:湖南文艺出版社,2016.

[34] 陈璧耀.文化里的中国[M].上海:上海远东出版社,2020.

[35] 叶春生,罗瑞强.顺德民俗解码[M].哈尔滨:黑龙江人民出版社,2005.

[36] 赖井洋.乌迳古道与珠玑文化[M].广州:暨南大学出版社,2015.

[37] 刘洁,陈静娜.区域发展的经济理论与案例[M].北京:海洋出版社,2019.

[38] 杜赞奇.文化、权力与国家:1900—1942 年的华北农村[M].王福明,译.南京:江苏人民出版社,2003.

[39] 特纳.仪式过程:结构与反结构[M].黄剑波,柳博赟,译.北京:中国人民大学出版社,2006.

[40] 李然.山东秃尾巴老李传说与信仰研究[M].济南:山东人民出版社,2016.

[41] 杜成宪.共和国教育 70 年[M].南昌:江西教育出版社,2020.

[42] 叶舒宪.耶鲁笔记[M].西安:陕西人民出版社,2019.

[43] 斯科特·拉什,约翰·厄里.符号经济与空间经济[M].王之光,商正,译.北京:商务印书馆,2006.

[44] 陈建宪.文化学教程[M].2 版.武汉:华中师范大学出版社,2011.

[45] 钱穆.中国文化史导论[M].北京:商务印书馆,1994.

[46] 拉德克利夫-布朗.社会人类学方法[M].夏建中,译.北京:华夏出版社,2002.

[47] 张鸣.乡村社会权力和文化结构的变迁:1903~1953[M].2 版.西安:陕西人民出版社,2013.

[48] 魏礼群.当代中国社会大事典[M].北京:商务印书馆,华文出版

社,2017.

［49］桂家友.迈向新时代与社会现代性加速成长［M］.上海:上海人民出版社,2018.

［50］爱弥儿·涂尔干.宗教生活的基本形式［M］.渠东,汲喆,译.上海:上海人民出版社,2006.

［51］E.E 埃文思-普里查德.阿赞德人的巫术、神谕和魔法［M］.覃俐俐,译.北京:商务印书馆,2006.

［52］田丰,林有能.岭南风物［M］.广州:暨南大学出版社,2014.

［53］许志新,刘清生.珠玑文化丛书:千年雄州［M］.广州:广州出版社,2011.

［54］龙运荣.嬗变与重构:新媒体语境下侗族传统文化的现代性变迁研究［M］.北京:中国社会科学出版社,2015.

［55］林越英.旅游人类学讲义［M］.北京:旅游教育出版社,2019.

［56］黄建雄.转型与提升:地方本科院校教师队伍结构优化研究［M］.武汉:华中师范大学出版社,2017.

［57］葛玉海,曹志平.技术基础主义研究［M］.厦门:厦门大学出版社,2020.

［58］安东尼·吉登斯.现代性的后果［M］.田禾,译.南京:译林出版社,2000.

［59］虞华君,陆菁,吴丽.文旅融合的"拱墅模式"研究［M］.上海:上海三联书店,2020.

［60］皮埃尔·布迪厄,华康德.实践与反思:反思社会学导引［M］.李猛,李康,译.北京:中央编译出版社,2004.

［61］费孝通.论人类学与文化自觉［M］.北京:华夏出版社,2004.

［62］迈克·克朗.文化地理学［M］.杨淑华,宋慧敏,译.南京:南京大学出版社,2003.

［63］张君.神秘的节俗:传统节日礼俗、禁忌研究［M］.南宁:广西人民出版社,2003.

［64］克莱德·伍兹.文化变迁［M］.施惟达,胡华生,译.昆明:云南教育出版

社,1989.

[65] 章立明.个人、社会与转变:社会文化人类学视野[M].北京:知识产权
出版社,2016.

[66] 刘旻航,李树梅,王若光.我国民俗体育的现代功能及社会价值研究
[M].济南:山东人民出版社,2012.

[67] 王露璐.新乡土伦理:社会转型期的中国乡村伦理问题研究[M].北京:
人民出版社,2016.

[68] 兰德尔·柯林斯.互动仪式链[M].林聚任,王鹏,宋丽君,译.北京:商务
出版社,2021.

[69] 小王宗仁.北洋枭雄:袁世凯权力得失录[M].北京:中国发展出版
社,2018.

[70] 中国科学院哲学研究所西方哲学史组.黑格尔论矛盾[M].北京:商务
印书馆,1963.

[71]《〈马克思恩格斯选集〉简要介绍》编写组.马克思恩格斯选集[M].沈
阳:辽宁人民出版社,1974.

[72] 马克斯.韦伯.经济与社会(上卷)[M].林荣远,译.北京:商务印书
馆,1997.

[73] 张岳,熊花,常棣.文化学概论[M].北京:知识产权出版社,2018.

[74] 徐剑,邹佩贞,温彩燕,等.粤北脊椎动物资源与分类[M].广州:广东科
技出版社,2003.

[75] 马林诺夫斯基.文化论[M].费孝通,等译.北京:中国民间文艺出版
社,1987.

[76] 米歇尔·福柯.规训与惩罚:监狱的诞生[M].刘北成,杨远婴,译.北京:
生活·读书·新知三联书店,1999.

[77] 莫尔根.古代社会[M].杨东尊,张栗原,冯汉骥,译.北京:生活·读书·
新知三联书店,1957.

［78］张成权.中国文化漫谈［M］.合肥:安徽大学出版社,2013.

［79］吴育林,卢晓坤.《马克思主义与社会科学方法论》导读［M］.广州:中山
大学出版社,2016.

［80］柯继铭.世界名著速读［M］.长春:吉林出版集团有限责任公司,2013.

［81］欧清煜.中华龙文化词典［M］.北京:中国文史出版社,2002.

［82］刘从梅.民俗体育与民俗体育文化［M］.南昌:江西高校出版社,2019.

［83］孙庆忠.口述历史的制作与口述传统的发掘［J］.广西民族学院学报(哲
学社会科学版),2003(3):12-14.

［84］王铭铭.口述史·口承传统·人生史［J］.西南民族大学学报(人文社科
版),2008(2):23-30.

［85］姚计海."文献法"是研究方法吗:兼谈研究整合法［J］.国家教育行政学
院学报,2017(7):89-94.

［86］狄金华.中国农村田野研究单位的选择:兼论中国农村研究的分析范式
［J］.中国农村观察,2009(6):80-91,97.

［87］樊红敏.县域政治运作形态学分析:河南省 H 市日常权力实践观察［J］.
东南学术,2008(1):69-77.

［88］姚泽麟.社会转型中的关系学:评杨美惠的《礼物、关系学与国家》［J］.
社会学研究,2011,26(3):218-228.

［89］桂遇秋.民间说唱文学与黄梅戏的历史渊源［J］.黄梅戏艺术,1988(4):
120-128.

［90］孙守道,郭大顺.论辽河流域的原始文明与龙的起源［J］.文物,1984
(6):11-17,20,99.

［91］李冬香.韶关犁市扒龙船调查报告［J］.韶关学院学报,2017,38(7):1-7.

［92］曾鸣.汉代舞龙之证据再认识［J］.广西师范大学学报(哲学社会科学
版),2010,46(5):126-129.

［93］李楠.民间生肖文化传播的当代意义［J］.现代传播(中国传媒大学学

报),2013,35(6):151-152.

[94] 徐雁."百代孝慈高仰止,千年支派永流长":20世纪五六十年代家谱文献毁损钩沉[J].图书馆论坛,2014,34(12):104-110.

[95] 王瑞芳.新中国成立初期的政治制度及其初步调整[J].当代中国史研究,2012,19(3):120.

[96] 杨小冬.新中国60年社会主义民主政治建设的艰辛探索与发展创新[J].中共福建省委党校学报,2009(9):19-26.

[97] 王东京.新中国成立以来基本经济制度形成发展的理论逻辑与实践逻辑[J].管理世界,2022,38(3):1-8,18,9.

[98] 杨民康.信仰、仪式与仪式音乐:宗教学、仪式学与仪式音乐民族志方法论的比较研究[J].民族艺术,2003(3):50-57,97.

[99] 王敬浩,周爱光.民俗体育对身体和谐的建构:谈民俗体育的发展逻辑及其现代道路[J].武汉体育学院学报,2008(10):15-19.

[100] 吴毅.从革命到后革命:一个村庄政治运动的历史轨迹:兼论阶级话语对于历史的建构[J].学习与探索,2003(2):36-42.

[101] 祁庆富.论非物质文化遗产保护中的传承及传承人[J].西北民族研究,2006(3):114-123,199.

[102] 李楠.民间生肖文化传播的当代意义[J].现代传播(中国传媒大学学报),2013,35(6):151-152.

[103] 郭军,高振云,仇军,等.日常生活视域下我国民俗体育"脱域"发展历程及未来路向:以傈僳族"爬刀杆"为例[J].山东体育学院学报,2020,36(4):66-73.

[104] 陈连朋,王岗.凤舟竞渡的起源、流变及其体育价值释义[J].首都体育学院学报,2019,31(3):230-234.

[105] 艾安丽.汉水流域民俗体育"三龙"文化的发展[J].体育学刊,2015,22(6):111-115.

［106］闫伊默."礼物":仪式传播与认同［J］.国际新闻界,2009(4):45-49.

［107］范红.端午节起源新考［J］.广西民族学院学报(哲学社会科学版),
2003(3):150-153.

［108］王铭铭.文化变迁与现代性的思考［J］.民俗研究,1998(1):1-14.

［109］巨永明.从传统到现代:西方社会转型问题:与李宏图先生商榷［J］.探
索与争鸣,2000(3):18-21.

［110］银利军.美丽乡村建设背景下农村住宅建设问题研究［J］.农业经济,
2021(12):40-42.

［111］黄爱峰.新农村建设下的农村体育发展思考［J］.上海体育学院学报,
2006(6):14-19.

［112］刘君荣.仪式传播:两岸共享身份和文化仪式的确立［J］.新闻战线,
2020(7):100-101.

［113］涂传飞,余万予,钞群英.对民俗体育特征的研究［J］.武汉体育学院学
报,2005(11):6-9.

［114］向云驹.论"文化空间"［J］.中央民族大学学报(哲学社会科学版),
2008(3):81-88.

［115］李仁杰,傅学庆,张军海.非物质文化景观研究:载体、空间化与时空尺
度［J］.地域研究与开发,2013,32(3):49-55.

［116］周大鸣,黄锋.宗族传承与村落认同:以广东潮州凤凰村为中心的研究
［J］.文化遗产,2017(6):80-86,158.

［117］王霄冰.文化记忆、传统创新与节日遗产保护［J］.中国人民大学学报,
2007(1):41-48.

［118］涂传飞.民间体育、传统体育、民俗体育、民族体育概念再探讨［J］.武
汉体育学院学报,2009,43(11):27-33.

［119］徐辉鸿.非物质文化遗产传承人的公法与私法保护研究［J］.政治与法
律,2008(2):76-81.

[120] 谢雄健,赵芳.基于"身份认同"理论的国家:民俗体育传承人关系变迁研究:来自广西藤县国家级舞狮传承人的个案调查[J].武汉体育学院学报,2022,56(5):68-74.

[121] 冯强,涂传飞,熊晓正.马塞尔·莫斯的"礼物交换理论"对民俗体育活动的启示[J].武汉体育学院学报,2012,46(6):15-19.

[122] 崔新建.文化认同及其根源[J].北京师范大学学报(社会科学版),2004(4):102-104,107.

[123] 黄小玲.文化自信研究热点主题与演化路径的可视化分析[J].西南石油大学学报(社会科学版),2022,24(4):61-72.

[124] 石峰."文化变迁"研究状况概述[J].贵州民族研究,1998(4):5-9.

[125] 杨桦,任海.论新时代中国特色体育学构建[J].体育科学,2022,42(8):3-20.

[126] 龙登高,王明,陈月圆.明清时期中国的民间组织与基层秩序[J].民族研究,2021(6):80-92,137.

[127] 王鹏,林聚任.情感能量的理性化分析:试论柯林斯的"互动仪式市场模型"[J].山东大学学报(哲学社会科学版),2006(1):152-157.

[128] 张井梅.希腊文明与古代奥林匹克运动会[J].世界历史,2008(3):105-115.

[129] 隋海林,赵刚,李阳.学校体育"一校一品"模式的认识盲点与优化路径研究[J].广州体育学院学报,2019,39(6):123-128.

[130] 崔乐泉,孙喜和.中华优秀传统体育文化传承发展的理论与实践:《关于实施中华优秀传统文化传承发展工程的意见》解读[J].北京体育大学学报,2018,41(1):126-132.

[131] 国务院印发《全民健身计划(2021—2025年)》[J].现代城市研究,2021(9):131.

[132] 万义,胡建文,白晋湘.少数民族地区民俗保护与全民健身体系的同构

［J］.上海体育学院学报,2009,33(6):25-29.

［133］张发强.对我国体育产业化的战略思考［J］.体育文史,1997(2):10-14.

［134］韩丹.对我国"体育产业"与"产业化"10年的反思和评价［J］.体育与科学,2003(1):1-4.

［135］中华人民共和国国民经济和社会发展第十四个五年规划和2035年远景目标纲要［J］.中国水利,2021(6):1-38.

［136］崔涛.民俗体育助推乡村振兴价值审视与实施路径［J］.体育文化导刊,2021(12):58-65.

［137］王卫星.美丽乡村建设:现状与对策［J］.华中师范大学学报(人文社会科学版),2014,53(1):1-6.

［138］扬·阿斯曼,陈国战.什么是"文化记忆"?［J］.国外理论动态,2016(6):18-26.

［139］司洪昌.嵌入村庄的学校:仁村教育的历史人类学探究［D］.上海:华东师范大学,2006.

［140］艾安丽.汉水流域湖北段民俗体育文化的变迁:以"三龙文化"为例［D］.福州:福建师范大学,2015.